高校毕业生到国际组织实习任职入门

北京大学学生就业指导服务中心　组织编写

陈宝剑　主编

图书在版编目(CIP)数据

高校毕业生到国际组织实习任职入门/陈宝剑主编. —北京：北京大学出版社，2019.3
ISBN 978-7-301-28924-2

Ⅰ.①高… Ⅱ.①陈… Ⅲ.①国际组织-职业选择-高等学校-教材 Ⅳ.①G647.38

中国版本图书馆 CIP 数据核字(2017)第 263152 号

书　　　名	高校毕业生到国际组织实习任职入门 GAOXIAO BIYESHENG DAO GUOJI ZUZHI SHIXI RENZHI RUMEN
著作责任者	陈宝剑　主编
责 任 编 辑	颜克俭
标 准 书 号	ISBN 978-7-301-28924-2
出 版 发 行	北京大学出版社
地　　　址	北京市海淀区成府路 205 号　100871
网　　　址	http://www.pup.cn　新浪微博：@北京大学出版社
电 子 信 箱	zyjy@pup.cn
电　　　话	邮购部 010-62752015　发行部 010-62750672　编辑部 010-62704142
印 刷 者	北京大学印刷厂
经 销 者	新华书店
	787 毫米×1092 毫米　16 开本　11.5 印张　276 千字 2019 年 3 月第 1 版　2019 年 5 月第 2 次印刷
定　　　价	36.00 元

未经许可，不得以任何方式复制或抄袭本书之部分或全部内容。
版权所有，侵权必究
举报电话：010-62752024　电子信箱：fd@pup.pku.edu.cn
图书如有印装质量问题，请与出版部联系，电话：010-62756370

编写委员会
顾　　问：邱水平　郝　平
策　　划：陈宝剑
编　　委：王明舟　邓　娅　宁　琦　任羽中　张东晓　张庆东
　　　　　张守文　张莉鑫　贾庆国　夏红卫　徐善东　唐士其
　　　　　傅绥燕　潘剑锋

本书编辑部
主　　编：陈宝剑
执 行 主 编：张莉鑫
执行副主编：侯亚杰　尤宇川
参编人员：黎　泉　曹林菁　孟文婷　谢泽中　陈震坤　姚思嘉
　　　　　金　迪　金佳莉　王琚媛　杨冰夷　陈丽丽　柳凌华
　　　　　郭玉瑶　石香云　卢宇嘉　吕圆圆　朱晓凡　仲九真
　　　　　华　妍　刘兴沛　刘茹邑　刘雷蕾　刘　磊　牟星奕
　　　　　李芯怡　李美贤　李振宇　杨子涵　杨雅岚　何玉麟
　　　　　何　骆　余静寒　张　乐　陈锐霖　陈楚珂　赵　琳
　　　　　胡金妍　徐淑瑜　龚雨珂　董　榕　黎潇逸　颜芷邑
　　　　　戴　茜　马竟轩　石　砾　杨小雨　罗子晴　罗海峰

序　言

在二十一世纪即将进入第三个十年的今天,新一轮科学技术革命正在推动世界经济全球化进入深层发展阶段,国家间相互依赖程度不断加深,并在互动中构建出"我中有你,你中有我"的世界新格局。与此同时,地区冲突、气候变化、能源危机以及文化价值认同缺失等一系列新挑战已超出了单个民族国家在其领土范围内加以解决的能力。为此,通过既有国际组织实现旨在集合世界各国利益、加强各国通力协作的全球治理日益成为当今世界政治、经济和文化各领域发展的时代命题。

2008年国际金融危机以后,国际权力体系的结构调整在全球治理层面体现为从"西方主导"向"西方非西方共同治理"转向。党的十八大以来,习近平总书记等党和国家领导人十分重视全球治理工作,"中国贡献""中国方案""中国智慧"等全新提法逐步推动中国从被治理者、疏离者向积极参与者和主动建设者转型。党的十九大报告指出:"中国特色大国外交要推动构建新型国际关系,推动构建人类命运共同体。"这一定位明确了中国未来参与全球治理的根本目标和重要使命,也为中国政府在新时代广泛依托国际组织加强全球合作,推动建设公平正义、合作共赢的新型国际关系提供了政策逻辑。

国际组织(特别是政府间国际组织)作为国际关系中重要的非国家行为体,在全球治理中的作用主要通过认知治理、法律治理、规范治理与缓和治理等机制来实现。国际组织职员作为国际组织的"灵魂",是将组织法定授权转化为具体运作程序和行动使命关键与核心所在。遗憾的是,当前我国在国际组织雇员中代表比例严重不足,中高级职位普遍空缺,已经成为我国在全球治理中发挥实质作用的制约。以我自2013年至2015年期间担任大会主席的联合国教科文组织为例,按照联合国系统会费分摊比例,中国在该组织领导岗位雇员数目份额为18—30个,但实际人数仅为11人,且大多居于中低级别岗位。我真切感受到,人才的缺失已经成为中国在全球治理中构建制度话语、形成国际话语互动并最终完成话语权实现的最大短板之一。为此,尽快培养一大批通晓国际规则且具有国际视野的高素质、复合型人才生力军,是中国在新时代进一步提升国际事务制度性话语权、构建全球公平正义新秩序、实现宏伟中国梦的重要着力点。

北京大学是国际化程度最高的中国内地高校之一,多年来,学校瞄准前沿需求,立足自身优势,扎实推动高校与国际组织交流互动:

在专业知识培养方面,建立"国际组织人才培养"院系协同基地,依托学科全面、综合性强的优势,设立MIPP(国际公共政策专业硕士)、IO&IPP(国际组织与国际公共政策本科及双学位)、燕京学堂、人权硕士等学位项目;实施跨国、跨学科培养计划,与世界知名院校合作办学;开设"北京大学国际组织高端人才暑期学校"等非学历培养项目;依托"北京论坛""国际文化节"等平台邀请大量国际组织官员、专家来校讲座,为课程教学提供有益补充。

在实习与就业指导方面,学校与联合国儿童基金会、联合国妇女署、国际电信联盟和海牙国际法庭等建立了合作关系。学生就业指导服务中心牵头建成国内高校首个国际组织求职信息服务平台——北京大学国际组织就业信息网,开设全国高校首门国际组织职业指导课程——大学生职业生涯规划(国际组织实习任职专题班);举办"IO Talk"国际组织高端讲坛、"IO Course"国际组织职业课堂、"IO Salon"国际组织职场沙龙、"IO Visit"国际组织参访考察等"IO Career"国际组织职业发展系列活动,让参与构建人类命运共同体的信念在广大青年内心生根发芽,把培养全球治理胜任力提上了大学生素质教育日程。

作为指导和服务高校学生到国际组织实习和任职的入门教材,《高校毕业生到国际组织实习任职入门》一书的编写出版高度契合国家的现实需求,对高校推进培养并推送毕业生到国际组织实习任职有着十分重要的指导意义。本书的问世,既是北京大学长期国际化人才培养实践经验向理论高度的思想凝结,也是北大积极探索国际组织人才培养推送工作、将国际化人才教育思想认识统一到国家战略部署上来的新成果,填补了国内高校国际组织求职教材的空白。

"青年兴则国家兴,青年强则国家强。"我衷心希望,中国的广大青年学子们志存高远、敢于担当,着眼本国和世界,着眼全局和长远,自觉担负起新时代的责任与使命。学如弓弩,才如箭镞,希望有志于到国际组织交流、实践、实习、任职的读者们可以在本书中充分汲取养分,积累专业知识,了解国际组织和处理国际事务的方方面面,更好地代表中国发声,向世界展示中国青年的非凡才干和精神风貌,在实现中国梦的生动实践中放飞青春梦想,为构建人类命运共同体贡献青春力量!

郝 平
2019 年 1 月于燕园

目 录

第一章 国际组织概览 ……………………………………………………………（1）

第一节 风云变幻中的国际组织 ………………………………………………（2）

对于大多数中国人而言，国际组织似乎显得熟悉而遥远。本节将对国际组织的历史进行梳理，通过回顾国际组织从无到有的酝酿和由点及面的积累，让国际组织走进读者的视线，乃至成为当代中国青年职业生涯规划的一个重要组成部分。

一、从无到有的酝酿 …………………………………………………………（2）

二、由点及面的积累 …………………………………………………………（3）

三、硕果累累，任重道远 ……………………………………………………（5）

第二节 今日的国际组织：分类与概况 ………………………………………（7）

自20世纪以来，尤其是第二次世界大战之后，国际组织的数量迅速增加，至今已经达到6.3万个左右。本节针对庞大的国际组织群体进行分类，并以联合国为例介绍国际组织的结构框架，让读者能够从整体上把握国际组织的概况，加深对国际组织的认识和了解。

一、国际组织分类 ……………………………………………………………（7）

二、联合国系统组织架构 ……………………………………………………（10）

第三节 中国与国际组织 ………………………………………………………（10）

随着中国重返联合国，越来越多的中国人在重要国际组织中担任领导职位，不仅展现了中国国家实力的增强和影响力的提升，也凸显了中国作为一个负责任大国的担当精神。改变现实需要我们共同的努力，当代的中国青年只有将眼光放之世界，才能使中国立足于世界之巅。

一、从陌生到熟悉 ……………………………………………………………（10）

二、从参与者到建设者 ………………………………………………… (12)
　　三、从当下到未来 ……………………………………………………… (15)

第四节　从这里走向世界 ……………………………………………………… (16)
　　民族的复兴与时代的际遇,给了当代中国人难能可贵的机会,国际组织从未像今天这样如此接近每一位中国学生。站在通往世界、面向未来的起点,在系统掌握求职技能之前,你需要了解的是在校期间应该先做好怎样的准备,以及如何获取这些资源。所幸,国家和高校已经在这方面做了大量努力。
　　一、从了解国家相关政策与信息开始 …………………………………… (16)
　　二、关注国家资助的国际组织实习项目 ………………………………… (16)
　　三、积极参与高校国际组织人才培养项目 ……………………………… (18)

第二章　迈向世界舞台——敲开联合国大门 ……………………………… (27)

第一节　联合国系统的用人机制 ……………………………………………… (29)
　　联合国是当今世界最具有代表性、最权威的国际组织。历经70余年的风风雨雨,联合国发挥着越来越重要的作用,与中国的关系也更加密切。从宏观上理解联合国的用人机制,才能更好地掌握联合国的用人规则,成为真正的全球治理人才。
　　一、国际公务员制度概览 ………………………………………………… (29)
　　二、联合国的工作网络 …………………………………………………… (37)
　　三、联合国的人才素质要求 ……………………………………………… (39)

第二节　联合国入职途径 ……………………………………………………… (43)
　　对于向往在多元文化环境中工作、有着国际关怀的中国青年来说,在联合国任职是一个理想的选择。然而联合国系统机构众多、架构复杂,使其招聘岗位多样、要求多元、渠道复杂。了解联合国主要入职途径,结合自身条件进行选择,是国际组织求职的第一步。
　　一、联合国实习方案 ……………………………………………………… (46)
　　二、联合国志愿者制度 …………………………………………………… (54)
　　三、联合国初级业务官员方案 …………………………………………… (59)
　　四、以顾问身份入职联合国 ……………………………………………… (62)
　　五、联合国青年专业人员方案 …………………………………………… (62)
　　六、空缺岗位的公开招聘 ………………………………………………… (65)

目 录

第三节　联合国求职攻略……………………………………………………（67）
　　毋庸置疑，机会总是垂青准备充分且信念坚定的人。听取前人经验，做好充足的求职准备，可以达到事半功倍的效果。
　一、联合国基本求职指南……………………………………………………（68）
　二、八个联合国重要机构的求职攻略………………………………………（79）
　　　世界银行……………………………………………………………………（80）
　　　国际劳工组织………………………………………………………………（84）
　　　联合国儿童基金会…………………………………………………………（86）
　　　世界粮食计划署……………………………………………………………（89）
　　　联合国开发计划署…………………………………………………………（91）
　　　世界卫生组织………………………………………………………………（93）
　　　联合国难民事务高级专员办事处…………………………………………（95）
　　　联合国教科文组织…………………………………………………………（98）

第三章　不容错过的选择——其他重要国际组织……………………（103）

第一节　全球性政府间国际组织……………………………………………（104）
　　联合国系统之外，世界上还存在着6万余个形形色色的国际组织，早已深入人类社会的方方面面。其中，全球性政府间国际组织尽管综合影响力难比联合国，但都在各自领域中耕耘不辍，不仅为各国政府提供协商场合和合作机制，更是集结了来自全球的优秀人才，因而能从更宏观和专业的视角出发，提供专业合理高效的公共产品，促进各国及全球的可持续发展。
　一、世界贸易组织——经济联合国…………………………………………（104）
　二、国际原子能机构——和平利用原子能…………………………………（110）
　三、国际竹藤组织——首个总部设在中国的政府间国际组织……………（116）

第二节　区域性政府间国际组织……………………………………………（120）
　　亚太经合组织和亚洲基础设施投资银行均为我国所处的亚洲地区的区域性国际组织，前者积淀丰富经验，后者酝酿巨大潜能，都旨在为亚太各国的合作和发展创建更好的机制。随着在本地区的影响力和话语权渐长，我国已经从地区内国际组织和国际机制的参与者转型为建设者，也将需要更多人才进入区域性政府间国际组织，为地区的和平与发展贡献力量。
　一、亚太经合组织——亚太地区最具影响的经济合作官方论坛…………（120）

二、亚洲基础设施投资银行——首个由中国倡议设立的多边金融机构……(123)

　第三节　非政府间国际组织……(127)

　　　　非政府间国际组织是近年来发展最为迅速、角色最为活跃的国际组织。随着全球范围内公民社会的壮大和志愿精神的传播，非政府间国际组织凭借其政治障碍少、灵活性大、自发性强等优势，开辟出共治难题、共扶弱势的前景。

　　一、红十字国际委员会——人道主义国际旗帜……(127)
　　二、世界自然基金会——最大的独立性非政府环境保护组织……(130)
　　三、乐施会——誓与贫困做斗争……(134)

结语……(137)
　一、我们为何出发……(137)
　二、如何走得更远……(139)
　三、始终不忘初心……(140)

附录一　2017年国际电信联盟实习人员选派办法……(141)
附录二　2017年国际电信联盟实习人员网上报名指南……(144)
　一、应提交的申请材料……(144)
　二、网上报名指南……(144)
　三、上传材料说明……(146)
附录三　关于联合国总部实习的FAQs……(147)
附录四　2016年赴联合国难民署青年专业人员选派办法……(158)
附录五　联合国青年专业人员方案FAQs……(161)
附录六　联合国YPP考试的架构……(163)
附录七　联合国YPP考试样题……(166)
附录八　国际组织中英文对照表和专有名词中英文对照表……(169)

第一章

国际组织概览

每一位中国人都无法忘记1971年中国恢复联合国合法席位的历史性时刻,无法忘怀2001年中国加入世界贸易组织时的激动心情,也永远心系同一年北京"申奥"成功的激动时刻。对于大多数中国人而言,国际组织显得既熟悉又遥远。随着中国逐渐走向世界,我们的视野更加开阔、能力更加完备、动力更加充足。这些都为中国青年参与国际事务、融入国际组织提供了有力的保障。本书希望带领读者共同掀开国际组织的神秘面纱,拉近我们与国际组织的距离。

本章将梳理国际组织的历史,了解国际组织的定义与分类,探寻国际组织中的中国身影,搭建青年人从中国走向世界的桥梁,以增强读者对国际组织的全方位了解,丰富当代青年的职业选择与人生规划,进一步提升中国青年在国际舞台上的竞争力。

第一节 风云变幻中的国际组织

一、从无到有的酝酿

追溯国际合作,或许可以从古希腊时代被称为"古代世界大战"的伯罗奔尼撒战争说起。在这场战争中,以雅典为首的提洛同盟和以斯巴达为首的伯罗奔尼撒联盟,进行了长达二十余年的争夺。这两个同盟(联盟),则是国际组织的最早雏形。而现代意义上的国际组织则形成于两百多年前。在此之前,人类的思想宝库已为国际组织的诞生做好了充分的积累和沉淀。历史上,欧洲大陆战争频繁且长期分裂,如何妥善处理不同国家之间的争端以实现和平成为有识之士共同探索的话题,正是在这一寻求秩序与追求和平的过程中,国家间的协调机制逐步建立起来。

一些思想家很早就已经开始构想协调机制的建立。早在14世纪,法国的律师、政治活动家皮埃尔·杜布瓦(Pierre Dubois)就撰写了《圣地的光复》一书,主张将各基督教国家组织起来,收复耶路撒冷圣地;17世纪30年代,法国作家艾默里克·克鲁塞(Emeric Cruce)呼吁成立包括全世界所有国家的联盟,并设立联盟大会来处理国家间的争端;1713年,法国思想家圣·皮埃尔(Charles Irénée Castel de Saint-Pierre)神父发表《欧洲永久和平计划》,提出欧洲各国应在维持现状的基础上组成一个永久联合体。[①]

在联合思想的指引和历史现实的冲击下,欧洲各国展开了建立协调机制的实践探索。1648年,结束了三十年战争的欧洲各国签订《威斯特伐利亚和约》,确立了主权原则,为现代国家提供了法律基础;受到法国的冲击,在反法战争结束后,欧洲各国于1815年召开维也纳会议,订立了维护欧洲秩序的一系列原则,并建立起"五国协调"的欧洲协调机制。更具里程碑意义的是,伴随这次会议诞生了迄今为止最古老的现代国际组织——莱茵河航运中央委员会(Central Commission for the Navigation of the Rhine, CCNR),这是一个由多个主权国家根据维也纳协约设定的常设性组织。这符合之后国际组织的通常定义,即来自两个以上的主权国家的成员(含政府和非政府成员)为实现共同

[①] 李一文,马风书:《当代国际组织与国际关系》,天津:天津人民出版社2002年版,第6页;常欣欣:《国际组织与国际和平关系的理论考察:兼评"国际制度和平论"》,《新视野》2011年第4期,第91页。

的利益,根据某种协定而建立的常设性组织。

二、由点及面的积累

第一个现代意义上的国际组织诞生之后,在相关国家及重要人士的推动下,一批国际组织在20世纪之前相继出现。1863年,与人道主义援助密切相关的国际组织——红十字国际委员会的前身——伤病救护国际委员会建立;随后,关乎世界交流和通讯的国际组织——国际电报联盟(1934年更名为国际电信联盟)和邮政总联盟(后更名为"万国邮政联盟")分别于1865年和1874年成立。此外,首个区域性政府间国际组织——美洲国家共和国国际联盟(后更名为"美洲国家组织")在1890年也宣告成立。

然而,这些国际组织中,较少涉及政治或经济领域的重要合作,抑或不具有广泛的代表性,对成员国也缺乏强制力,难以真正发挥有效维护国际秩序的作用。有鉴于此,第一次世界大战的硝烟尚未散尽,当时的世界大国就在巴黎召开了巴黎和会,讨论维护世界和平的有效途径,并于1920年正式建立起首个全球性的政府间国际组织——国际联盟。

与之前的国际组织相比,国际联盟在代表性和组织架构等各个层面都取得了巨大的进步,但在实际运行过程中,作为重要发起国的美国没有加入,裁减军备的规定也未能付诸实践,此外还存在着投票程序低效、强制力不足等缺陷。第二次世界大战的爆发宣告了国际联盟的失败,也使得建立更为有力、有效的国际组织的呼声日益高涨。

1945年,截至目前世界上规模最大的国际组织、现代国际组织的代表——联合国宣告成立,对其前身国际联盟有所扬弃。联合国安理会与集体安全机制的创立、集体自卫权概念的提出等都是联合国为维护国际安全秩序、创建全球和平环境做出的重大贡献。几乎与此同时,经济领域也出现了重要的国际组织。关税与贸易总协定、国际复兴开发银行、国际货币基金组织的建立,不仅意味着经济贸易自由等原则的确立与世界经济秩序的重新构建,也意味着经济领域国际组织的成熟。自此,国际组织在机制运行、整体数量、成员数量、覆盖范围、涉及领域和执行能力等各个层面上都取得了巨大进步(如表1.1、图1.1、图1.2所示)。

表1.1 国际组织成员数量对比(世界贸易组织成员有少部分为经济体而非主权国家)

项目	国际联盟	联合国	世界贸易组织
创始成员数量	32	51	75
最多成员数量	58	193	164

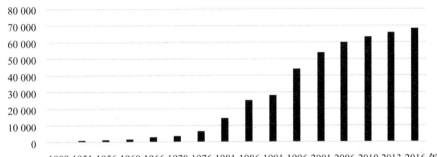

图1.1 1909—2016年国际组织总数

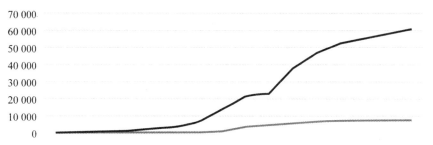

图 1.2 1909—2016 年政府间国际组织和非政府间国际组织数量

（数据来源：Union of International Associations①）

由以上图表可见，世界最具影响力的国际组织，例如联合国、世界贸易组织，所包含的成员数量已经从百年之前的刚过半百发展到今天的接近 200 个；国际组织的数量也经历了爆炸式的增长，尤其是非政府组织。除了数量上的飞跃，国际组织所覆盖的范围和涉及的领域也得到了极大的拓展——大到世界安全的维护、经济的发展、气候变化的应对，小到某一地区公共卫生环境的改善、儿童教育问题的解决，等等。在世界各个角落面临的各种问题中，我们都能看到国际组织的参与和国际组织人员的奉献。国际组织发展的历史脉络如图 1.3 所示。

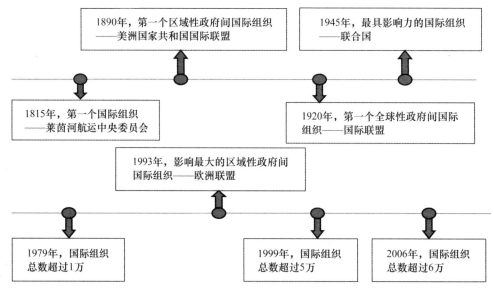

图 1.3 国际组织发展的历史脉络

---

① Union of International Associations,"Historical overview of number of international organizations by type," pp. 1-3, https://www.uia.org/sites/uia.org/files/misc_pdfs/stats/Historical_overview_of_number_of_international_organizations_by_type_1909—2013.pdf。（上网时间：2018 年 4 月 27 日）；Union of International Associations,"Yearbook of International Organizations 2016—2017(Abridged)," p. 25, https://www.uia.org/sites/uia.org/files/misc_pdfs/pubs/yb_2016_vol4_lookinside.pdf。（上网时间：2017 年 4 月 30 日）

三、硕果累累,任重道远

国际组织不仅为各国的外交提供了平台和渠道,而且在维护世界安全、促进世界经济发展、保障人类生存与发展、促进国际法规的完善等方面起到了重要的作用。

1. 维护世界安全

为了维护世界的和平与安全,联合国开创了预防性外交,通过开展外交和维持和平行动在世界需要的地方维持和平、建设和平。自建立以来,联合国共实行联合国维持和平活动70次,在1945—1984年的世界冲突中,联合国共参与解决了其中的43%,调停了包括两伊战争在内的一系列国际争端,推动了非洲安哥拉问题等地区热点问题的顺利解决,为维护世界和平做出了突出贡献。

在第二次世界大战中,人类就面临着生物化学武器和大规模杀伤性武器的威胁,特别是随着核时代的到来,全球安全面临着前所未有的挑战。以1962年的古巴导弹危机为例,它被称为世界最接近核大战边缘的时刻。正是这次危机,让美国和苏联双方以及世界其他国家都认识到核武器和核战争的危险性。在有关国家以及联合国的积极推动下,《不扩散核武器条约》于1968年签订,并在1995年得以无限期延长。此外,联合国还分别于1972年和1997年推动了《禁止生物武器公约》和《禁止化学武器公约》的签订。① 此外,核供应国集团、禁止化学武器组织等国际组织也积极投身于核武器和生物化学武器的控制工作中。这些举措有效防止了核武器、生物武器以及化学武器对人类的伤害,对维护人类安全发挥了至关重要的作用。

2. 促进世界经济发展

消除饥饿与贫困是联合国的核心任务之一,也是各国经济发展中所迫切需要解决的问题。为了解决世界的经济贫困问题,联合国先后制定了《联合国千年宣言》以及《可持续发展目标》,专门机构也为此提供资金支持。根据世界银行的统计,2003年世界银行共发放了112亿美元贷款,用于普及教育、健康与社会服务以及改善水环境、医疗条件和预防洪水等方面。② 2017年3月,世界银行集团行长金墉宣布:在未来三个财年将为撒哈拉以南的非洲各国提供570亿美元资金,创造了历史新高。③ 其他的一些区域性国际组织也为推动区域经济发展做出了积极努力,2016年,亚洲开发银行在基础设施方面的年度援助总额超过了300亿美元,创50年来新高。④

3. 保障人类生存与发展

免于疾病是人类基本的生存权。世界卫生组织以及国际扶轮社、比尔及梅琳达·盖

---

① 中国联合国协会:《联合国70年:成就与挑战》,北京:世界知识出版社2015年版,第84-88,133,143页。
② 联合国官方网站:"消除贫困",http://www.un.org/zh/development/programs/global/poverty.shtml。(上网时间:2017年4月29日)
③ 世界银行官方网站:"世界银行集团宣布提供破纪录的570亿美元援助撒哈拉以南非洲",http://www.shihang.org/zh/news/press-release/2017/03/19/world-bank-group-announces-record-57-billion-for-sub-saharan-africa。(最后访问时间:2018年4月26日)
④ 亚洲开发银行:"基础设施需求攀升,亚行援助额创50年新高",https://www.adb.org/zh/news/adb-operations-hit-record-high-its-50th-year-infrastructure-demand-rises。(上网时间:2017年4月29日)

茨基金会等合作伙伴对此高度关注,积极参与人类重要疾病的处置。经过各方长期以来的不懈努力,从2010—2015年,全球范围内疟疾新发病例下降了21%、疟疾死亡率下降了29%。① 1988年,在世界卫生组织的推动下,许多国家政府、国际扶轮社、美国疾病控制和预防中心以及联合国儿童基金会等开启了全球消灭脊髓灰质炎行动(这种疾病可造成患病者不能正常行走)。自启动以来,全球的病例数量减少了99%以上。②

教育权是人类发展权中最为核心的权利之一。联合国教科文组织采取一系列行动,积极保障人们的受教育权。1960年12月,联合国教科文组织大会通过《反对教育中的歧视公约》,确立了教育中"机会均等和待遇均等"的原则,并在1990年的世界全民教育大会上通过《世界全民教育宣言》,由此发起为了实现所有儿童、青年及成人享有基础教育的全球运动,并于2005年制定了旨在实现联合国扫盲十年目标的指导框架,即《扫盲提高能力倡议》。③

4. 促进国际法规的完善

联合国相关机构对国际法的制定与完善做出了不可磨灭的贡献,包括国际规则方面的《联合国海洋法公约》《联合国打击跨国有组织犯罪公约》《联合国反腐败公约》《联合国全球反恐战略》等一系列重要规章④,环境方面的《人类环境宣言》《保护世界文化和自然遗产公约》《濒危野生动植物物种国际贸易公约》《里约热内卢环境与发展宣言》《约翰内斯堡可持续发展宣言》《可持续发展世界首脑会议实施计划》《可持续发展北京宣言》《我们憧憬的未来》等一系列环境软法⑤,人权方面的《世界人权宣言》《经济、社会和文化权利国际公约》《公民权利和政治权利国际公约》《公民权利和政治权利国际公约的任择议定书》《防止及惩治灭绝种族罪国际公约》《消除一切形式种族歧视国际公约》《禁止并惩治种族隔离罪国际公约》《消除对妇女一切形式歧视公约》《禁止酷刑和其他残忍、不人道或有辱人格的待遇或处罚公约》《儿童权利公约》《保护所有迁徙工人及其家庭成员权利公约》《残疾人权利国际公约》等一系列法规⑥,由此完善了国际法规则,为推动全球环境保护、弱势群体保护等提供了法律依据。

诚然,国际组织取得的一系列成就不可否认,但面对当前人类社会仍然存在的一系列问题和挑战,迫切需要国际组织在更多的领域发挥更大的作用。虽然和平与发展已经成为时代发展的主题,但世界上还有很多地方并不太平。非洲的内战、欧洲的难民危机、中东的恐怖袭击仍然不时地搅动人们的神经,而在世界的很多角落,即使没有战乱的发生,人们的生存和基本权利也难以得到保障。根据世界银行的估测,世界上仍有7

---

① 世界卫生组织官网:"媒体中心:疟疾,"http://www.who.int/mediacentre/factsheets/fs094/zh/。(上网时间:2017年4月30日)
② 世界卫生组织官网:"媒体中心:脊髓灰质炎",http://www.who.int/mediacentre/factsheets/fs114/zh/。(上网时间:2017年4月30日)
③ 联合国教科文组织官网:"里程碑",http://www.unesco.org/new/zh/education/about-us/who-we-are/history/milestones/。(上网时间:2017年4月29日)
④ 中国联合国协会:《联合国70年:成就与挑战》,第188页。
⑤ 中国联合国协会:《联合国70年:成就与挑战》,第242-243页。
⑥ 联合国人权高级专员办事处:"联合国条约机构",http://www.ohchr.org/CH/HRBodies/Pages/TreatyBodies.aspx。(最后访问时间:2018年4月26日)

亿人口尚未脱离贫困。在很多地方，人们拥挤在矮小的房屋里，饮用受到污染的水源，时常还会遭受疾病的折磨，很多贫穷地区的孩子们无法享受最基本的受教育权利。这些灾难和不幸都在不断提醒我们，世界的和平与安宁需要所有人共同守护，世界的和平与发展需要国际组织维护，同时，国际组织的壮大需要更多有识青年的加入。

第二节 今日的国际组织：分类与概况

20世纪以来，国际组织的数量迅速增加，至今已经达到约6.3万个。为了更清晰地了解国际组织，本节将通过三种方式对国际组织进行分类，并以联合国为例介绍国际组织的结构框架，让读者能够从整体上把握国际组织的概况，加深对国际组织的认识和了解。

一、国际组织分类

国际组织的通常定义是：来自两个以上的主权国家的成员（含政府和非政府成员）为实现其共同的利益，根据某种协定而建立的常设性组织。一般来说，国际组织有三种基本的分类方式：按照参与主体性质分类、按照参与主体的地域范围分类和按照工作领域分类。按照参与主体性质分类，国际组织可以分为政府间国际组织（governmental organization）和非政府间国际组织（non-governmental organization）；按照参与主体的地域范围分类，国际组织可以分为全球性国际组织和区域性国际组织；按照工作领域分类，国际组织可以分为综合性国际组织和专门性国际组织。

首先，综合第一种和第二种分类方法，我们可以归纳出四类国际组织：全球性政府间国际组织、全球性非政府间国际组织、区域性政府间国际组织、区域性非政府间国际组织。

全球性政府间国际组织是指由主权国家政府出面发起、组织并参与国际组织。其全球性主要体现在两个方面：第一，由世界范围内的主权国家政府组织成立；第二，主要目的是为了解决全球性的、国与国之间的政治、经济、文化、安全、教育、医疗卫生等问题，国际联盟是世界上第一个全球性的政府间国际组织。

全球性非政府间国际组织是指在世界范围内，由民间人士而非主权国家发起组织的国际组织。全球性非政府间国际组织具有广泛性，接纳全球范围内一切符合基本条件的个人、团体和组织成为该组织的一员。国际奥林匹克委员会（国际奥委会）就是一个非政府、非营利的国际体育组织，并且接纳来自世界各国的体育协会，因而成为全球性非政府间国际组织的一个典型代表。

区域性政府间国际组织，指的是由特定而非所有地区的主权国家政府出面发起组织并参与其中，以解决国与国之间的政治、经济、文化、安全、教育、医疗卫生等问题为目标的国际组织。与全球性政府间国际组织相比，区域性政府间国际组织具有相对的封闭性与排他性，其成员的准入门槛比较高，且往往以地域作为是否准入的一个重要界限。欧洲联盟、亚洲开发银行等就属于较为典型的区域性政府间国际组织。

与区域性政府间国际组织不同的是,区域性非政府间国际组织指的是在特定地域范围内,由民间人士而非主权国家发起组织的国际组织。区域性非政府间国际组织往往有两种形式,一是对话或论坛,二是全球性非政府间国际组织在不同区域的分支机构。博鳌亚洲论坛作为一个由非政府间团体和个人组成的、设有常设机构秘书处的、讨论亚洲地区发展事务的组织,是区域性非政府间国际组织的典型代表。

本书将在第二章重点介绍最具代表性的全球性政府间国际组织——联合国及其附属组织(包括方案、基金和专门机构),在第三章介绍其他重要的全球性政府间组织——世界贸易组织和国际原子能机构,与中国密切相关的地区性政府间组织——亚太经合组织和亚洲基础设施投资银行,以及国际竹藤组织、红十字国际委员会、世界自然基金会和乐施会等非政府间国际组织(表1.2)。

表1.2 全球性国际组织和与中国相关的区域性国际组织(包含国际机制)[①]

全球性国际组织(包含国际机制)		
联合国	其他重要全球性国际组织(包含国际机制)	
联合国机构	组织	机制
联合国大会	红十字国际委员会(非政府)	二十国集团
联合国安全理事会	红十字会与红新月国际联合会(非政府)	世界经济论坛
联合国经济与社会理事会	国际奥林匹克委员会(非政府)	
联合国托管理事会	世界能源理事会(非政府)	
国际法院	世界自然基金会(非政府)	
联合国秘书处	国际清算银行(较难界定)	
联合国附属组织	国际竹藤组织(政府)	
联合国附属组织(方案)	禁止化学武器组织(政府)	
联合国附属组织(基金)	国际刑事警察组织(政府)	
联合国附属组织(专门机构)	国际原子能机构(政府)	
	禁止化学武器组织(政府)	
	核供应国集团(政府)	
	桑戈委员会(政府)	
	世界贸易组织(政府)	
与中国相关的区域性国际组织(包含国际机制)		
组织	机制	
南方中心(政府)	中国-阿拉伯国家合作论坛	

---

① 表1.2根据外交部官方网站:"国际和地区组织"(http://www.fmprc.gov.cn/web/gjhdq_676201/gjhdqzz_681964/)整理而成。同时,参照了联合国官方网站资料以及本表中所列举出的国际组织国际机制的官方网站资料。其中,联合国一栏是按照联合国官方的分类进行,联合国的机构、附属组织统称联合国系统。特别说明,由于下文会详细列出联合国系统内的附属机构,因此本表就不详细列举。

续表

组织	机制
上海合作组织(政府)	中非合作论坛
金砖国家开发银行(政府)	亚欧会议
亚洲基础设施投资银行(政府)	中国-东盟关系(10+1)
亚洲开发银行(政府)	东盟与中日韩领导人会议(10+3)
亚太邮政联盟(政府)	东亚峰会
亚太电信组织(政府)	中国-东盟中心
亚太计量规划组织(政府)	中日韩三国合作秘书处
博鳌亚洲论坛(非政府)	东盟地区论坛
	亚洲合作对话
	亚太经合组织
	中国-拉共体论坛

其次,国际组织按照其工作领域可划分为综合性国际组织与专门性国际组织,两者区别在于,综合性国际组织一般涉及多个领域,而专门性国际组织指的是从事经济、政治、安全、社会、科技、体育等单一领域活动的国际组织,其活动主要限于某一专门领域,而不兼有多方面的任务。

相比专门性国际组织而言,综合性国际组织一般影响较大。1920年,国际联盟建立,成为世界上第一个综合性国际组织。现今,比较著名的综合性国际组织有联合国、欧洲联盟、北大西洋公约组织、东南亚国家联盟、非洲联盟等。综合性国际组织由于所涉及工作内容较为丰富、工作领域较为全面,对人才的需求也呈现出专业多元化的特点。专门性国际组织呈现出种类多、范围广的特点,包括安全组织、经济金融组织、社会(公益)组织、科技组织、法律组织、标准组织、体育组织等(表1.3)。

表1.3 部分专门性国际组织[①]

全球与区域性国际组织(按领域划分)				
经济金融领域	粮食、能源、卫生、海事、民航等领域	知识产权、安全、法律领域	科技合作领域	社会、标准制定领域
经合组织 亚太经合组织 国际清算银行 亚洲开发银行 中国-东盟中心	亚太邮政联盟 国际能源署 国际海底管理局 国际奥委会 世界动物卫生组织	国际刑警组织 上海合作组织 各国议会联盟 国际刑事法院 国际海洋法法庭	国际科学理事会 国际标准化组织 国际电工委员会 国际数学联盟 亚太空间合作组织	亚太电信组织 国际认可论坛 国际竹藤组织 联合国大学 国际航标协会

---

① 表1.3根据中华人民共和国人力资源和社会保障部官方网站:"国际组织人才信息服务",整理而成,http://www.mohrss.gov.cn/SYrlzyhshbzb/rdzt/gjzzrcfw/zygjzz/。(最后访问时间:2018年4月26日)

二、联合国系统组织架构

作为世界上规模最大、最重要的全球性政府间国际组织,联合国拥有一套复杂而完善的系统组织架构,对于认识其他国际组织的机构组成也有一定的借鉴意义。因此,这里对联合国的机构设置和框架结构进行梳理和阐述。

联合国由六大主要机构组成:联合国大会是主要的审议机构;联合国安全理事会决定和平与安全的相关决议;联合国经济及社会理事会协助促进国际经济和社会的合作与发展;联合国秘书处主要处理联合国各项日常工作;国际法院是联合国主要的司法机构;联合国托管理事会负责解决托管领土事务,在1994年最后一块托管领土帕劳独立后停止运作。

联合国具有复杂多样的组织架构和广泛的职能领域,因而在联合国系统设立了一些附属组织。这些组织包括方案、基金和专门机构(如图1.4所示)。方案和基金包括联合国开发计划署、联合国儿童基金会、世界粮食计划署、联合国环境规划署等;而联合国专门机构包括世界卫生组织、世界粮食及农业组织、世界银行、联合国教科文组织、世界气象组织等。

在联合国现在运转的五大机构中,除国际法院的总部位于荷兰海牙外,其余四个都位于美国纽约的联合国总部。联合国其他专门机构的总部,则分设于联合国驻日内瓦、维也纳和内罗毕的三个办事处。除此之外,各种机构的地区分部、专门机构、研究和培训机构、项目和基金以及其他的众多联合国实体,则广泛分布在全球各个角落。

第三节 中国与国际组织

一、从陌生到熟悉

在中国与国际组织交往的历史上,1971年是一个极为重要的分水岭。在此之前,中华人民共和国政府被排除在联合国和其他主要国际组织之外,中国人对国际组织知之甚少。1971年10月25日,联合国大会通过了恢复中华人民共和国在联合国一切合法权利的决议,中国终于得以重返联合国。

在此之后,中国开始与绝大部分国际组织建立或重建联系;随着改革开放的深化和"冷战"结束后国际局势的缓和,中国再次迎来参与国际组织的高潮,不仅恢复了在一系列国际组织中的合法席位,而且作为新成员加入了很多重要的国际组织。1979年10月,中国恢复了在国际奥林匹克委员会的合法席位;1980年4月,中国恢复了在国际货币基金组织的代表权;同年5月中国恢复了在世界银行的合法席位;1984年,中国加入国际原子能机构。

随着中国与国际组织互动的深入,中国对国际组织的运作日益熟悉,也越发重视国际组织的作用和影响力,开始主动加入一些重要的国际组织。1991年11月,中国加入亚太经合组织;2001年,中国发起成立了上海合作组织;同年11月中国加入世界贸易组织。

第一章　国际组织概览

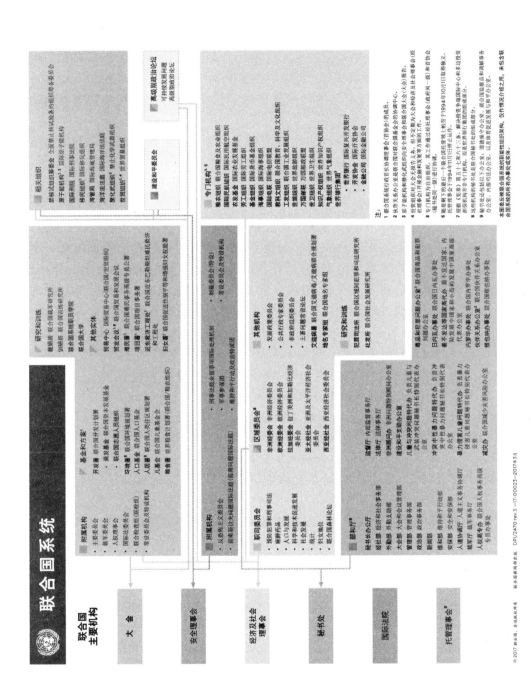

图1.4　联合国系统

近年来，中国开始积极推动全球治理体系的改进。2016年，中国发起建立的政府间国际组织——亚洲基础设施投资银行正式运转，使得中国在更深层次上融入国际机制，推进国际组织建设。可以说，亚洲基础设施投资银行的成立揭开了中国与国际组织关系发展历程中新的一页。此外，中国还积极推动建立非政府间国际组织，为全球治理贡献中国智慧。例如，1997年由九国共同发起成立的国际竹藤组织是第一个总部设在中国的、独立的、非营利性政府间国际组织，也是唯一一家针对"竹和藤"这两种非木质林产品的国际发展机构。为此，中国政府还专门成立了国际竹藤中心，支持相关研究并推动交流工作的开展。

截至2017年，中国已经参加了100多个政府间国际组织，签署了近300个国际条约，不仅成为国际体系中的重要一员，而且日益成为建设性的参与者。

二、从参与者到建设者

20世纪70年代，联合国对中国而言，是让世界了解自己的舞台。中国代表团团长在每年举行的联合国大会上发表讲话并借此向世界发出中国的声音。随着中国从一个贫穷落后的国家变成最大的发展中国家，与世界各国逐渐形成合作共赢的命运共同体，我们越来越关注世界的改革和发展动向，对联合国及其他国际组织的各项事务和行动的参与也日益深入和积极主动。1990年，中国首次向联合国停战监督组织派出5名军事观察员，目前已经成为联合国安理会常任理事国中派出维和人员最多的国家，承担的维和摊款份额在发展中国家中居第一位。中国积极参与处理地区冲突和热点问题，在联合国框架下在东帝汶、海地、伊朗核问题、叙利亚、南苏丹等众多国际和地区热点问题的政治解决中发挥了负责任的大国作用。从构建开放型经济新体制，到加快实施自由贸易区战略；从推进"一带一路"建设，到完成筹建亚洲基础设施投资银行，中国人不但自己牢牢攥紧发展的钥匙，也希望为世界问题精准开锁。近年来，中国的领导人不断向世界发出"中国好声音"，也有更多推动国际事务进程的会议在中国举行。2014年，亚太经合组织（APEC）第22次领导人非正式会议在北京召开；2016年，杭州承办了二十国集团（G20）领导人第十一次峰会。

从排斥到加入，从初始的沉默到如今的积极发声，中国已经由国际组织的舞台边缘逐步走到了中心。正如外交部部长王毅在外交学院的开学典礼上所指出的那样："我们国家从来没有像今天这样接近世界舞台中央，从来没有像今天这样参与国际上各种事务，也从来没有像今天这样承担着维护世界和平与发展的重要责任。"

一方面，"中国声音"在国际舞台上日益响亮，"中国形象"在国际组织中不断提升；另一方面，越来越多的"中国面孔"进入国际组织担任重要职务，成为其掌门人：2001—2007年，陈健担任联合国副秘书长，是联合国系统中级别最高、服务时间最长的中国籍官员，这被原联合国秘书长安南评价为"创造了联合国历史上最深刻的改革"；2003年，吴建民出任国际展览局主席，成为担任这一重要职务的首位来自发展中国家的人士；2004年，史久镛当选联合国国际法院院长，成为国际法院自1946年成立以来的首位中国籍院长；2006年，来自中国香港的陈冯富珍女士当选为世界卫生组织总干事；2008年，林毅夫受命出任世界银行副行长兼首席经济学家，成为首位在世界性金融机构担任高级职位的中国人士;2011年,朱民出任国际货币基金组织副总裁,是首位进入国际货币基金组织高层的华人;2013年,徐浩良在历经19年之后,从一名实习生成为联合国助理秘书长,是目前非中国政府委派的在联合国任职的最高级别中国籍官员;同年6月,财政部副部长李勇当选联合国工业发展组织总干事;8月,中国驻世界贸易组织大使易小准获任世界贸易组织副总干事;9月,鞍山钢铁集团公司总经理张晓刚当选国际标准化组织主席;11月,时任中国教育部副部长的郝平获得全部195个会员国一致推举并全票通过,当选联合国教科文组织大会主席,任期两年,这是该组织历史上首次选举中国代表担任大会主席;2015年,柳芳当选国际民用航空组织秘书长,成为该组织历史上首位中国籍的女性秘书长。

以下是在国际组织中担任重要职务的部分高级官员的寄语。

● 陈健(曾任联合国副秘书长)[①]

记者:目前在联合国,中国籍职员少,级别高的更少,与中国地位不太相称,对此您怎么看?

陈健:从联合国秘书处来说,随着中国所缴会费比例的上升,应该让更多的中国人到秘书处工作。目前,在一些关键部门,中国职员人数几乎为零。秘书处的要害部门应对中国开放,不应有什么顾虑。应该相信,中国人的素质不比别人差;而且应该相信,进入联合国后,他们会遵循效忠于联合国的原则工作。而中国政府也要重视向联合国输送人才,要根据岗位的需要选派合适的外交人员和其他专业人员,而不仅仅根据现有需要、安排人员的需要来寻找职位;同时,要舍得将优秀人员派到联合国。从个人的角度讲,进入联合国后,要适应联合国的文化,要敢于放弃儒家文化中不适应联合国文化的部分,吸纳西方文化制度中合理的部分,更有进取性地、积极主动地在联合国秘书处施展自己的才能。

● 史久镛(曾任联合国国际法院院长)[②]

"现在,国际法占统治地位的是西方,所以,一个很重要的问题,就是我们广大亚非拉发展中国家,要让自己的国际法观点和惯例,能够在世界范围内得到承认。"

● 林毅夫(曾任世界银行副行长兼首席经济学家)[③]

在世界银行任职的4年里,林毅夫走访了世界银行188个成员国中的60个,去过14次非洲。这4年,恰逢国际金融危机爆发,他反思了现有的发展经济学理论,试图开辟新研究领域,根据发展中国家的现实经验,他提出"新结构经济学"——运用新古典经济学的分析方法,来研究一个国家经济运行结果的决定因素和发展过程中的结构变迁。这个理论框架,是对林毅夫以往关于比较优势、自然禀赋等观点的系统总结。与以往发

---

① 光明网:"在联合国工作的日子",http://www.gmw.cn/01wzb/2007-03/01/content_561189.htm。(上网时间:2017年5月4日)

② 中国青年报:"本报独家专访海牙国际法院前院长史久镛——中国政府从没问过我对案子怎么看",http://zqb.cyol.com/content/2010-08/10/content_3365951.htm。(最后访问时间:2018年4月26日)

③ 新浪财经:"林毅夫:世行归来一年间",http://finance.sina.com.cn/roll/20130416/001715155131.shtml。(最后访问时间:2018年4月26日)

展经济学比较,林毅夫更强调现实基础,"应该看发展中国家现在有什么,根据他们有的能做好什么"。

● 朱民(曾任国际货币基金组织副总裁)①

作为一个对"发展就是硬道理"耳濡目染的新兴市场人士,朱民上任之后,很快体会到了中西方思维方式在国际货币基金组织中的不同体现。他把"就业和增长"的概念,注入 IMF 的新基因里,改变了国际货币基金组织的思维方式,也帮助国际货币基金组织重新获得发展中国家的信任。朱民任期中的亮点之一,是推动人民币进入国际货币基金组织特别提款权(SDR)货币篮子,这是 IMF 70 多年的历史中,第一次有新兴市场国家的货币进入 SDR 货币篮子。

2016 年 3 月,朱民被授予"影响世界华人大奖"的称号。在颁奖礼上,朱民如此总结自己的表现,"在过去 6 年里,在国际货币基金组织这个舞台上,我看着世界风云的变幻和中国的崛起。展望未来,整个世界正在发生着根本的结构性变化。这个结构性变化的最根本的议题,是世界治理机制的变化。发展中国家、新兴市场,像中国这样国家的代表和声音,更多地在世界舞台的中心响起。所以,在这个宏大的浪潮里,我相信,中国人以及华人一定会在这个未来大的潮流里,发出更响的声音。我很高兴,我能够在这里面充当一颗小小的铺路石"。

● 徐浩良(联合国助理秘书长,联合国开发计划署助理署长兼亚太局局长)②

徐浩良给有志于到联合国工作的中国青年提出三条建议:一是工作一定要做最好,超出别人的期待;二是不能完全中国式埋头苦干,要敢于表达自己,让他人认识到自己的价值;三是要真诚尊重别人,善于与人交流,建立并经营关系网络。徐浩良觉得现在的中国年轻人进步明显,能力很强,意识和语言上并无障碍,而且敢闯敢干。他说,联合国需要各种专业的人才,只不过竞争激烈,年轻人要做好思想准备。

● 郝平(曾任联合国教科文组织大会主席)③

记者:作为首位当选联合国教科文组织大会主席的中国人,此刻,您的心情怎么样?

郝平:中国代表当选联合国教科文组织大会主席,这在 30 年前是不可能的。甚至 20 年前、10 年前,也都是不太可能的。而这次,是总干事、执行局、全体会员一致推举我成为大会主席,这在该组织的历史上还是第一次。

记者:您认为,您为什么能当选大会主席?

郝平:我能当选,是因为祖国变得强大了,中国在世界上的影响力提高了。在联合国教科文组织面临财政困难的情况下,中国一直密切配合并给予积极支持,是表现最积极、最好的国家之一。中国承担了很多责任和义务,尽力弥合分歧。

---

① 腾讯网:"IMF 副总裁朱民卸任在即:他曾这样改变金融世界",http://finance.qq.com/a/20160622/013467.htm。(最后访问时间:2018 年 4 月 26 日)

② 人民网:"联合国中国籍高官徐浩良:国际公务员是怎样炼成的",http://world.people.com.cn/n/2013/1024/c157278-23319100.html。(最后访问时间:2018 年 4 月 26 日)

③ 人民网:"人民日报专访郝平:当选背后是强大祖国",http://edu.qq.com/a/20131106/004485.htm。(最后访问时间:2018 年 4 月 26 日)

越来越多的中国面孔活跃在国际组织舞台上,不仅展现了中国国家实力的增长和影响力的提升,也凸显了中国作为一个大国的担当精神。正如习近平总书记所言,中国要更多提出中国方案、贡献中国智慧,为国际社会提供更多的公共产品。作为地球村的一员,日益强大的中国有责任向国际组织输送具有出色的沟通能力、扎实的专业基础、良好的外语能力以及广阔的国际视野的复合型人才。国际组织也需要来自中国的人才。前世界银行行长佐利克曾经给予林毅夫这样的评语:"值得尊敬的学术才能、可操作的经验、颇具合作精神的领导才能以及熟练理论的卓越结合,世界银行的职员都欣赏他有深度的建议,我也重视他的忠告和友谊","作为从新兴经济体走出的代表,他们分享的中国经验给世界一种全新思路。"在未来,国际组织需要更多来自中国的人才进入其中,让世界看到更多的中国面孔,听到更多的中国声音。

三、从当下到未来

"同世界深度互动,向世界深度开放。"党的"十九大"以来,中国与世界的关系站到了新的起点。中国已经成为全球第二大经济体、世界第一大制造业国、世界上第二大消费市场,拥有 1.7 亿多高等教育和专业技能人才,对全球经济增长贡献率超过 20%……中国有能力,也有意愿参与到全球治理当中去并为其贡献力量。在中国梦的指引下、在构建人类命运共同体的倡导下,随着"一带一路"战略实施和亚洲基础设施投资银行等由我国发起的国际机构的成立,我国以更积极的姿态引领经济全球化,以更主动的步伐参与全球治理,这就对国际组织人才提出了更高的要求。习近平总书记强调,参与全球治理需要一大批熟悉党和国家方针政策、了解我国国情、具有全球视野、熟练运用外语、通晓国际规则、精通国际谈判的专业人才。要加强全球治理人才的队伍建设,突破人才瓶颈,做好人才储备,为我国参与全球治理提供有力的人才支撑。

虽然中国在国际组织的地位和影响方面已经取得了长足进步,但是却很少在其中发挥主导作用,很难参与国际规则的制定和修改。现今,总部设在中国的国际性组织依然为数寥寥,中国人在国际组织中的任职人员数量不够充足、影响力有待加强,这些都是我们现在需要去面对和解决的问题。

"功崇唯志,业广唯勤。"改变现实需要我们共同的努力,特别是青年人的努力。当代的中国青年只有将眼光放之世界,才能使中国立足于世界之巅。习近平总书记高度重视青年在全球治理中的基础性、战略性地位,强调青年在国家沟通交流中的桥梁纽带作用,勉励全球青年认识到他们在全球治理中肩负的共同的责任担当,为人类社会实现可持续发展做出应有的贡献。为国际组织培养青年人才、提升国际组织中中国职员的规模与质量是当下的重要任务,不仅利在当下,并且泽被后世。这有利于中国在未来培养更多的国际复合型人才,有利于中国实现与世界更深度的融合,服务本国发展,更有利于提升中国在国际组织中的话语权,为世界的繁荣与发展、人类的幸福与和谐做出中国的贡献。

第四节　从这里走向世界

随着中国在全球治理中日益发挥重要作用,对国际组织人才的需求正在大量增加,到国际组织就业逐渐成为当代中国学生大有可为的职业发展路径。然而,作为一个就业选择,进入国际组织并非轻而易举,这种困难不仅仅在于竞争激烈,更在于早在求职之前的准备工作往往就有很高要求。国际关系、法律、经济、外语等相关专业基础的培养,相应领域实践经历的积累,国际事务素养的锻炼,国际工作经验的要求以及国际组织招聘信息的及时获取等,成为许多有志于到国际组织工作的中国大学生面临的巨大挑战。

所幸,为了给有潜力、有志向的优秀学生铺就国际组织求职之路,从国家到高校、从官方机构到民间社团,都提供了许多可供利用的资源,本节将择要介绍。

一、从了解国家相关政策与信息开始

治国理政人才为要,人才大计教育为先。事实上,国家相关部委一直关注着有志于到国际组织工作的优秀人才,并为这些人才提供了相应指导与支持政策。

首先,相关信息平台的信息获取至关重要。近年来,国家相关部委相继推出国际组织信息服务平台,其中较为重要的是教育部主办的"高校毕业生到国际组织实习任职信息服务平台"(http://gj.ncss.org.cn/index.html)以及人力资源和社会保障部主办的"国际组织人才信息服务平台"(http://www.mohrss.gov.cn/SYrlzyhshbzb/rdzt/gjzzrcfw/),这两个平台对主要国际组织的基本情况、国际组织人事制度等均有详细介绍,并对国内各高校或相关协会开展的国际组织人才培养项目有定期推介,与中国较为相关的国际组织资讯、部分国际组织招聘信息也会第一时间在平台上推出。青年如果有志于进入国际组织实习或工作,很有必要及时关注。

其次,国家有关部委也在积极开展国际组织人才方面的培训、讲座活动。例如,由人力资源和社会保障部、教育部主办的"鼓励支持大学生到国际组织实习任职全国高校巡讲活动",目前已经先后在西安、广州、上海、北京四地成功举行,共有39所高校的2000余名师生参加巡讲,为加深青年学生对国际组织的了解、增长应聘知识和技能、及时了解国家最新政策信息起到了良好作用;与此同时,教育部也高度重视对高校就业工作者的培养,面向高校就业部门的老师举办专门培训班,从国家相关政策、国际组织竞聘程序规则、国际组织实习项目等方面给予高校就业工作者专业指导。

二、关注国家资助的国际组织实习项目

为了帮助已自主申请获得国际组织实习机会的学生顺利渡过实习期,国家留学基金管理委员会(以下简称"国家留学基金委")在2017年8月份出台了《留学基金资助全国普通高校学生到国际组织实习选派管理办法(试行)》,该办法明确了获得资助的同学将享有一次性往返国际旅费,资助期限内的奖学金和艰苦地区补贴,奖学金包括伙食费、

住宿费、交通费、电话费、医疗保险费、交际费、一次性安置费、签证延长费、零用费等。

此外,根据与相应国际组织签署的合作协议,国家留学基金委采取"个人申请,单位推荐,专家评审,择优录取"的方式选拔资助优秀学生赴该国际组织总部及其地区办事处(驻华办事处除外)实习。至今,国家留学基金委已先后开展了赴国际民航组织、联合国教科文组织、国际电信联盟实习人员的选派工作。这些实习项目,对于有意愿到国际组织实习乃至工作的大学生具有实实在在的帮助作用,对此感兴趣的同学必须抓住相应机会。本部分也将重点介绍申请该项目的相关要求和流程。

1. 项目申请条件

该项目对申请时年满18周岁,不超过30周岁(博士学位人员除外)的中国公民开放,要求申请人具有较强的综合素质、国际视野和多元文化意识,熟悉国际合作规范;具备优秀的计算机及社交媒体方面的知识,以及熟练运用办公软件的能力;能够适应国际工作环境,以及具备良好的人际沟通能力;精通英语和(或)法语(同时掌握其他联合国官方语言者优先,每个岗位要求略有不同,详见岗位需求)。除此之外,申请人应符合以下条件之一。

① 国内高校或科研机构优秀应届本科、硕士、博士毕业生。

② 国外高校或科研机构的国家公派或自费应届本科、硕士、博士毕业生。

③ 申请时已获得国家留学基金委选派对象国际组织录用函(通知)、尚未开始实习的人员。

此外,不同岗位对申请人的要求也不同,申请人需详见岗位需求。如:2017年国家留学基金委计划选派3人赴国际电信联盟日内瓦总部3大岗位实习,分别是:秘书处办公室的初级翻译/术语学官员、战略关系规划部的2017电联大会筹备及出版协会部的图形设计,这3大岗位对申请人的专业要求、语言要求、工作经历要求、其他要求等都有不同规定。

2. 从申请准备到成功派出的六个步骤

(1) 申请准备

首先,有意者需密切关注国家留学基金委官网(http://www.csc.edu.cn)上的综合项目专栏中"国际组织实习项目专栏",国家留学基金委会不定期发布相关国际组织实习岗位的实习人员选派公告与选派办法。

在获取相关信息之后,申请人需确认是否有资格申请,并充分考虑未来就业、学业等因素,慎重申报,避免录取后放弃资格的情况,接着选择1~2个意向岗位,并在个人陈述中予以说明,按申请材料清单及说明准备申请材料。因国家留学基金委不接受个人申请,所以申请人需向所在单位提出申请,由所在单位组织评审,确定推荐人选并进行公示。

(2) 正式申请

在通过单位申请之后,申请人需按《网上报名指南》进行网上报名,填写申请表、上传申请材料,并按时提交至相应受理单位。受理单位在对申请人的资格、综合素质、发展潜力、国际交流能力、品德修养及身心健康情况等方面进行审核后,得出具有针对性的单位推荐意见,并将申请材料统一提交至国家留学基金委。

国家留学基金委的委托受理单位包括:"211工程"建设高校[负责受理本校人员(学生及在职人员)的申请];现就读院校或科研机构所在国我驻外使(领)馆教育处(组)(负责在外留学人员的申请委托);所在省/自治区、直辖市教育厅(教委)有关国家留学基金申请受理机构(负责受理其他人员的申请)。

(3) 接受考核

接下来,申请人将面临两轮考核,首先,是国家留学基金委的材料审核、笔试和面试,这一轮将由国家留学基金委确定候选人并向国际组织推荐;其次,是国际组织的进一步筛选(包括电话、视频面试等方式),由其根据自身岗位要求确定最终录取人员。

(4) 获得录取结果

国家留学基金委通过国家公派留学管理信息平台公布录取结果,录取通知及录取材料则由相关受理单位转发申请人。

(5) 行前集训

被录取人员将接受由国家留学基金委组织的行前集训。

(6) 成功派出

被录取人员与国际组织签订合同,并按合同规定办理签证、预订机票等派出手续,按期派出。未按期派出者留学资格自动取消。未经批准放弃资格或不按期派出者,5年内不得再次申请国家留学基金资助。在国外实习期间,实习人员每3个月应向国家留学基金委提交实习进展情况报告;实习结束后,留学人员应当按期回国并履行在国内工作、学习两年(以下简称"服务期")的义务,及时向国家留学基金委办理报到等手续,并提交工作报告及外方工作鉴定。在服务期内可以出国留学,但是服务期顺延计算。

3. 相关信息的获取

可以看出,由国家留学基金为实习人员提供资助与补贴,形式广泛,十分优厚。随着中国与国际组织合作的日益密切,我们有理由相信,将会产生越来越多的实习生选派机会,并涵盖更多的国际组织,为一些有志于到国际组织(尤其是去总部)实习的同学提供更坚实的保障。在本书附录中,我们专门附上了《2017年国际电信联盟实习人员选派办法》和《2017年国际电信联盟实习人员网上报名指南》,供感兴趣的同学查阅。

三、积极参与高校国际组织人才培养项目

当前,以北京大学、清华大学、北京外国语大学等为代表的国内主要高校,都在大力提升国际化办学水平和学生全球胜任能力,着力培养全球治理人才,先后推出一系列颇有成效的培养项目。这为国际组织人才培养打下了坚实基础,也成为当代大学生了解国际组织相关信息、提高国际组织应聘和工作技能的重要窗口。下面将重点介绍有关高校的部分品牌项目。

1. *学科建设、课程建设是主阵地*

高校开展国际组织人才培养工作,相关学科、课程以及培养体系的建设是基础,近年来,各高校结合自身特色,不断健全相应学科,改革培养方式,取得了显著成效。

（1）北京外国语大学成立国际组织学院

2017年4月9日，北京外国语大学正式成立国际组织学院。丰富的多语种学科集群、多个教育部区域国别研究基地、多年的国际组织人才培养实践、丰富的外交官校友资源，为培养和输送国际组织人才提供了得天独厚的优势。而新成立的国际组织学院，是集人才培养、智库研究、人才推送为一体的教学研究型平台。

北京外国语大学国际组织学院拥有以下三大特色。

第一，建立全程导师组机制。全程三导师指导机制（为每名学生的培养确定三位导师：语言文化导师、专业导师、实践导师）。逐步建立外语类与非外语类一流师资相结合、校内外一流专业教师与国际组织中从事实务工作的专家师资相结合、中国教师与国外学者相结合的国际化导师队伍。

第二，新型课程体系和培养方式。搭建跨院系、跨学科、国际化课程平台，使学生掌握丰富的国际法、国际政治与国际关系、国际经济与金融、国际新闻传播等专业知识及专业技能。实施单独招生、弹性学制、定制培养、中外双学位、赴国际组织实习就业等多种机制。

第三，全新的管理及运作机制。学院设立顾问委员会、发展理事会、学术委员会，由政界、学术界、企业界和国际组织等知名人士担任委员或者理事，共同参与学院管理。学院由教育部、外交部、中联部与北京外国语大学共同建设，联合国内外一流高校和研究机构，共同培养国际组织人才。学院建立与欧盟、联合国教科文组织、联合国总部等国际组织等实质合作关系。

依托以上特色机制，北京外国语大学国际组织学院正在努力向国际组织学科建设基地、国际组织研究基地、国际组织人才培养培训基地发展。

（2）北京大学国际组织人才培养品牌项目

MIPP项目：2015年，北京大学国际关系学院在公共管理硕士（MPA）之下设立了国际公共政策方向（MIPP）的专业硕士，并开始招生。为培养高素质的人才，北大国际关系学院参照世界主要大学的经验，建立了比较完整、规范的课程体系，学习年限为两年，设置了包括国际组织概论、国际公共政策实务等课程在内的20门课程，配备了高水平的师资队伍，连续两年在教授招聘中向MIPP项目倾斜，并聘请了数位前国际组织官员为学生授课；就学生实习与一些国际组织特别是联合国系统在中国的组织（包括联合国开发计划署、联合国志愿者组织、联合国粮农组织、联合国教科文组织、联合国儿童基金会等）进行了接触；与美国公共管理学会（NSPPAA）探讨了国际认证合作；并与美国南加州大学、乔治城大学，加拿大BUC，瑞士日内瓦高等国际研究学院等顶尖学校签署了合作协议或合作意向。

北京大学国际关系学院MIPP项目的优势：第一，学院拥有长期扎实的地区、国别、国际关系以及当代主要全球问题的教学和研究基础；第二，北京大学有着雄厚的国际经济、国际法、公共卫生、生化物（核武器、生化武器等军备控制）、环境学与天体物理（气候变化、外太空合作）以及各类外语语种等学科资源；第三，学校、学院有着长期的国际交流基础和成型的国际合作办学项目（与英国伦敦政治经济学院、法国巴黎政治大学、日本东京大学、韩国首尔大学、瑞士日内瓦高级国际关系与发展学院、美国蒙特雷国际关系研究院等合作伙伴,多为培养国际公共政策的世界一流学院);第四,学校、学院与相关国家部委(外交部、中联部、商务部、环保部等)有着长期合作的经验。

"燕京学堂"项目:北京大学燕京学堂于 2014 年建立,2015 年开始招生,是一项植根于北大深厚的历史文化,利用北大人文、社科领域学科完备的优势,为来自海内外一流大学的学生开设的一年制"中国学"硕士学位项目。该项目倡导在全球化的语境中认识和了解中国。来自全球各一流大学的本科应届毕业生,经遴选,可进入学堂学习。学堂以"中国主体性为基础的国际领导力养成"为培养原则,设计了"哲学与宗教""历史与考古""文学与文化""经济与管理""法律与社会""公共政策与国际关系"六个方向的课程体系,并创造大量的机会帮助学生广泛接触中国社会,深度领悟中国文化,力争把学生培养成为各个领域"了解中国、贡献世界"的未来领导者。

"燕京学堂"招生对象为全球各高校应届本科毕业生。每年招生 100 名,其中约三分之一来自国内院校,三分之二来自国际院校。北京大学为学生提供全额奖学金。"燕京学堂"是住宿式学院,所有学生集中住宿。

此外,北京大学在与国际组织有关的专业上,设置了专门的研究方向和相应的分领域,例如,在国际政治专业下设置"联合国和国际组织"研究方向并新开设国际组织与国际公共政策本科项目(IO & IPP),在国际法专业下设置国际公法、国际组织法、人权法、和平解决国际争端等一系列研究方向,在社会保障专业下设置了社会工作与管理等研究方向。面向全体北大学生开设了《国际组织理论与实务》课,由北京大学学生就业指导服务中心开设的"大学生职业生涯规划"全校公选课程中,也增加了专门的国际组织求职模块。

同时,北京大学广泛开展非学历的跨学科培养短期课程或活动。以北京大学国际组织高端人才暑期学校为例,该学校由国际关系学院自 2016 年开始举办,邀请国内外著名学者、国际组织官员联袂授课,旨在为国内青年学者、优秀学生提供国际交流平台,更好地了解国际组织的运营,为今后进入国际组织实习与工作奠定良好基础。首期国际组织高端人才暑期学校吸引了来自北京大学、中国人民大学、中央党校、外交学院、南开大学,美国约翰霍普金斯大学、中国台湾交通大学等全球 31 所高校和单位的近百名师生与社会学员参加培训。为期六天的课程中,共有 11 位国内外著名学者、国际组织官员参与授课。它将为参与学员提供赴联合国志愿人员组织(UNV)和北京市志愿者服务联合会参观访问和学习的机会。参与项目的学员,在今后申请国际组织相关实习或工作时,可获得北京大学国际关系学院官方推荐信。

2. 内容丰富、形式多样的高校信息平台可供浏览和咨询

为了帮助高校学生及时了解国际组织相关信息,各高校近年来着力建设相关信息平台,利用互联网、微信公众号等新媒体打造了许多特点鲜明的国际组织人才培养信息平台。

2016 年 12 月 26 日,由北京大学学生就业指导服务中心推出的国内高校首个国际组织就业、实习和志愿服务权威信息发布平台——北京大学国际组织就业信息网(io.scc.pku.edu.cn)正式上线。该网站整合了一百余个国际组织介绍,千余条国际组织就业、实习、志愿者招聘信息,为学生获取国际组织相关信息提供了便捷渠道。

北京大学国际组织就业信息网分为热点资讯、国际组织名录、联合国招聘、其他组织招聘等板块。热点资讯板块第一时间发布主要的国际组织热门信息,以及国家相关部委、各高校关于国际组织人才培养工作的动态资讯;国际组织名录板块中整合了教育与科技、政治、环境与可持续发展、卫生与健康、和平与安全、交通与通信等工作领域中一百余个国际组织的机构介绍、工作领域、组织架构、官方网站链接及招聘岗位等信息;联合国招聘板块以合理的分类体系,全面展示了联合国及其分支机构的动态招聘岗位;其他组织招聘板块根据工作领域、机构类型、工作地点、工作岗位、学历要求和工作经验等进行分类,展现了非联合国系统的国际组织就业、实习、志愿者招聘信息。

北京大学国际组织就业信息网为有志于赴国际组织实习任职的学生提供了便捷、权威的信息渠道,降低了学生了解国际组织及其工作机会的信息获取成本,是目前高校相关信息平台中内容最丰富、岗位最全面的、分类最精准的信息发布网站。

此外,中国人民大学等高校也建立了国际组织人才培养信息网站,同时,依托微信公众号,各高校积极开设国际组织信息专栏,广泛收集国际组织实习任职信息资源,与人力资源和社会保障部、外交部、教育部等部门推出的各类国际组织相关信息互联互通,利用校友、专业老师和辅导员挖掘提供的各类信息,建立稳定的信息来源,实时发布国际组织实习任职岗位信息,为广大同学多方获取相关信息提供了广阔平台。

3. 品牌讲座、经验交流、培训活动多点开花

为进一步加深广大同学对国际组织基本情况、国际组织职业发展的了解,各高校充分利用专家、校友等资源,举办了一系列讲座、培训活动。

(1) 北京大学 IO Career 系列活动

IO Career 系列活动是由北京大学学生就业指导服务中心统筹主办、各相关院系协办的国际组织高端人才讲座培训活动,面向校内外开放,从 2017 年 3 月起,已举办近 10 场。

作为北京大学"引领未来"国际组织人才培养推送项目的重要组成部分,IO Career 系列活动以"服务世界、引领未来"为导向,通过邀请具有一定影响力的国际组织官员、相关政府部门领导、国际组织知名研究专家来校举办讲座、开展课题指导,从而搭建起北大学生与国际组织行业精英对话交流的平台,着力培养北大学生成为了解中国国情、兼具全球视野、熟练运用外语、通晓国际组织规则与实务的国际化综合性人才。

IO Career 系列活动包括 IO Talk 人才讲堂、IO Course 职业课堂(如图 1.5 所示)和 IO Salon 人才沙龙三个子系列。其中,IO Talk 主要邀请具有较大影响力的国际组织高层级官员或国际组织顶尖专家学者做主旨演讲,学校先后邀请了联合国原副秘书长、中国联合国协会原会长陈健,中联部部长助理张亚军等担任主讲;IO Course 主要邀请具有一定求职任职经验的国际组织在职人员、人力资源主管以及有一定研究经历的国际组织专家作辅导讲座,学校先后邀请了联合国教科文组织北京代表处主任欧敏行(Marielza Oliveria)、中国联合国教科文组织全国委员会综合处副处长宗华伟、北京大学教育学院哈巍老师、北京大学首都发展研究院蔡满堂老师等为同学讲授求职技巧与工作实务;IO Salon 主要面向目前在国际组织工作的年轻校友,只要相关校友有时间,北大就业中心就会邀请他们来到母校,现场与学生交流工作心得,解答求职疑惑。

图 1.5　IO Course 职业课堂第一讲

IO Career 系列活动的开展,为众多北大师生乃至外校学生搭建了了解国际组织、掌握求职技巧的平台,受到了广泛好评。

案例:北京大学 IO Course 职业课堂——联合国教科文组织北京代表处主任欧敏行介绍联合国教科文组织实习项目讲座实录(全文)

很开心有这样的机会来这里跟有志于为国际组织服务的年轻人交流。联合国教科文组织和中国有特殊的友好关系,这种友好关系表现在习近平总书记的高端访问、彭丽媛夫人的交流活动以及主要的政府官员频繁互动。特别是今天在这里,北京大学也和联合国教科文组织存在特殊的渊源,我曾经和你们的郝平书记一起在教科文组织共事。他的价值观和兴趣给你们在为国际组织服务、与国际组织合作方面树立了最好的榜样。

为联合国工作是我人生中收获最多的事情之一。我已经在联合国工作17年了。与我很多同事的背景不同,我本科学的是经济学,硕士学的是关于资本金融市场,博士读的是工商管理。事实上,联合国工作人员并不都是与国际关系相关的专业背景,由于工作内容的广泛性,我们寻求各种各样不同专业背景的人才。教科文组织是联合国这个由100多个机构组成的、庞大而复杂的国际治理体系的组成部分之一。但是它又是最特殊的机构,因为它有自己独立的大会,这是其他机构所不具有的。除此之外,教科文组织下设有执行机构、秘书处、各职能部门,以及全球54个区域办公室等。

教科文组织有招聘中国实习生的配额,原因是我们秉持多样性的价值理念,不断寻求在地域方面的均衡。但不幸的是,目前,中国代表的比例是不足的。同样,我们追求性别平等,但是女性员工的比例,特别是在高层管理者中的比例也是不足的,因此我们会给女性申请者特别的关注,鼓励她们加入我们的组织,期待未来越来越多的女性能成为教科文组织的领袖。我们也非常希望并鼓励残疾人的加入,并会竭尽所能地提供一切条件确保他们能够正常地工作。

实习生项目是怎样展开的呢?我们的招聘是在全球进行的,在总部和所有的地区办公室中,我们每年有超过1000名实习生的名额。就拿北京办公室来说,我们常年有12个实习生的名额,工作繁重的时期还会更多。事实上,在北京办公室工作的实习生总是多于12个的,因为尽管我们期待实习生工作的时间是1年,但有些实习生无法持续这么久。比如去年,北京办公室共有28名实习生,因此实际上的机会是比网上列出来的岗位要多的。

我们在寻找怎样的实习生呢?首先,我们在官网上发布跟工作内容相关的最低要求,把所有的申请者放到一起评估考量。或者有的时候,当一个实习生的合同快到期了,我们就会为这个岗位再进行单独招聘。需要注意的是,官网上发布的工作要求只是最低要求,在实际的操作中,以2016年为例,在28名实习生中,26名是已经在读研究生或者正在申请研究生阶段的学习机会,而我们的要求只是本科毕业就可以申请了。所以,你们真正要做的就是,努力使自己闪光!

你需要具备怎样的技能呢?因为你们还是学生,我们并不期待有什么特别专业的知识和工作经验。我们所要提供给你们的正是这些以后对你们职业生涯有用的工作经验。所以,我们要找那些有一定的经历,并且教育背景和职位相匹配的人。强烈的兴趣、在其他组织实习的经历或者志愿服务经历都在我们考虑的范围之内。这意味着你至少对工作意味着什么、工作与学校学习的不同有一定的了解。教科文组织在全球的招聘分为一般服务级别、专业级别、主管级别和其他更高的级别,当进入专业级别的时候,就是从P1到P5级,我们会看重"相关"工作经验,因此如果你有工作经验,但它和我们招聘的岗位不相关,那也不行。同样的原则也适用于实习生的招聘,你和工作要求匹配得越多越好。

筛选实习生的程序是怎样的呢?当我们发布招聘通知的时候,会要求申请者发送简历和求职信。千万别用那些标准化的、往哪里都能发的简历,这是我给你们的建议,不仅在申请教科文组织的时候,而且适用于所有的申请。每次我们发布的岗位都是针对有特定任务的,每个岗位常常能收到50~300份的申请,招聘负责人会特别在意和工作要求有最明显、最直接关系的申请者,所以请花时间来凸显你自己在这方面的经历,这样会增大你成功入选的概率。

筛选程序分为三个阶段。第一步,根据申请者是否符合我们列出的"最低要求",把一部分申请者排除掉,例如教育背景、语言能力等。第二步,我们考量跟工作相关的能力要求,所以请确定你的简历和求职信突出了你的这些相关能力。第三步,我们邀请入选者参加面试,同时也会考核你的语言能力。请好好准备,并且在简历里要绝对诚实,诚信和准确的自我认知能力也是我们考察的重要标准。我们并没有期待你呈现非常专业、非常完美的水准,实习本质上就是一种学习机会。我们清楚地知道你来的时候只有最基本的认知能力,这恰好给我们机会来回报你所投入的兴趣、时间和才能,帮助你成长、提升自己,无论你今后是否会留在教科文组织工作,这些都是非常有用的。

很多人问我如何为面试准备。如众所周知的那样,所有面试的第一个问题都是自我介绍并告诉我们你选择为联合国工作的动机是什么？在自我介绍中，千万不要忘了回答为什么这个实习岗位吸引了你，为什么你对我们而言是适合的。你必须要使我们确信这段经历对于我们双方都是有价值的。解释清楚你的经历和我们的需要是如何相匹配的。面试当然是基于能力的，意思是说，你必须要给我们讲过往那些可以展示你某方面能力的例子，还有在这个例子里的具体成果。比如，在一个团队工作里面，不要忘记说你自己的特定角色是如何为团体贡献的。这个结果可以是成功的，也可以是失败的，我们完全接受失败并欣赏你的诚恳，只要它是一个可以很好展现你能力的案例。总的来说，在你的面试中，首先，一定要对教科文组织做一定的研究，知道它的使命、价值、工作领域，为什么对你有吸引力，你可以为我们带来什么；其次，准备好那些可以证明你具备所要求能力和技能的案例，这也是展现你良好表达能力和思想力的时机；最后，在面试的结尾，我们通常会问你有什么要问的吗？千万不要认为这只是一个随便的问题，我们用这个机会来评判你是否是一个善于抓住机会的人，好好想一个和职位本身相关的有深度的问题。比如，有人问过，你们期待这个岗位的实习生如何为组织的其他领域配合工作，这意味着他渴望了解我们组织的整体架构，就是一个非常不错的问题。

我们能给你提供哪些回报呢？不幸的是，实习生是没有薪水的，我们不允许给实习生任何报酬。因此，我们尽可能地使你投入的努力有价值。如果我们有需要招聘的岗位，当你申请的时候，我们肯定会优先考虑你。请你明白，在教科文组织或者在任何国际组织系统工作过的经验、在这里获得的知识和技能，将会成为你在人才市场上的极大优势。随着跨国部门的增长和全球问题的增多，我们需要越来越多的国际性人才。你在教科文组织服务过的经历，将会帮你扣响任何其他国际机构的大门。中国也有越来越多的和联合国、联合国教科文组织相关的职能部门，中国有世界第二多的文化遗产，所以肯定会需要对遗产保护、国际标准、国际法有深刻理解的管理者。中国正在涌现出一大批的创新型学习型城市，这些地方政府需要对教育和文化创新有更好的理解，以此使城市变得更好，这也是你的机会。还有，在我们的高校网络中，有非常多的大学，学术道路也可以成为你的选择之一。如果我们关注中国的发展蓝图，或者从全球角度来看，大多数国家都有可持续发展的共识。在2015年9月，联合国通过了《可持续发展目标》，我们需要对可持续发展有不同理解的人们。如果你想为创业公司工作，仅在中国，我们就有很多和这些机构的合作，比如线上教育科技公司，你的背景和技能也会被他们看重。所以，你未来的职业前景将会是非常美好的。

请大家好好考虑！首先，如果你是一名律师，想象一下在国际层面上进行立法该是一件多么令人激动的事情啊。你将会有机会真正留下你的印记，真正改变世界。其次，教科文组织有来自不同国家、不同文化、不同思维方式和不同价值体系的员工，在这样一个平台上大家能共同努力、和谐相处，这是一件多么美妙的事情啊。最后，在当今世界，一些人在发展的潮流中处于落后地位，每天都有很多很多人的生活处境变得越来越脆弱，像在伊朗、阿富汗正在发生的那样，是时候做些改变，做些足以让你们以后的人生为之骄傲的事情了！因此，我强烈推荐大家申请并期待你们的加入！

（2）清华大学"国际组织人才训练营"

清华大学"国际组织人才训练营"是由清华大学学生职业发展指导中心会同校内有

关部门组织开展,面向清华大学在校学生的一项培训活动。训练营邀请具有丰富外交实践经验的高级外交官、从事一线多边外交工作的校友、主要国际组织官员、国际问题研究专家等作为授课教师,以面授教学模式进行集中培训,授课和互动式教学、专题讲座与交流分享相结合。训练营帮助参训学员学习国家对外交往、合作的基本政策和方针,理解中国在国际事务中的角色和定位,国际组织概况与国家相关政策,联合国概况与文化,国际关系理论与国际组织作用,国际组织招聘、考录与组织人事制度,国际组织求职任职经验,国家留学基金委在国际组织实习任职方面的项目与资源,国际组织人才培养和外交外事礼仪等。

除此之外,诸如对外经济贸易大学"国际职员之路"专题讲座、浙江大学外语学院国际组织精英人才计划系列讲座等活动也各有特色。

4. 广泛参与高校社团活动、国际社会实践活动

对刚步入大学生涯的新生而言,大学里多彩的社团活动无疑是最吸引人的地方。而对有志于到国际组织工作的大学生来说,如果能够尽早参加相关社团活动,积累起丰富的实践经历,对于日后顺利通过国际组织求职考试具有相当重要的意义。例如:许多高校都有的学生国际交流协会(SICA)、模拟联合国协会等学生社团。这些社团会组织模拟联合国大会、国际法庭模拟大赛、校友交流会、国际组织参访日等活动,使学生提前了解国际组织运行方式,提升国际事务素养。

案例:上海外国语大学学生国际组织发展协会(SISUSIO)

上海外国语大学学生国际组织发展协会,是为了服务国家发展需求、服务学校提出的着力培养"多语种+"卓越国际人才目标而发起创建的以推动学生国际组织第二课堂培养为主题的学生团体。它在原有学生模拟联合国的基础上,通过进一步的资源整合、功能拓展,全新打造推出学生国际组织发展协会。目前,SISUSIO学生成员近50名,邀请上海外国语大学国际关系与外交事务研究骨干学者担任专家顾问团,配备学生处及国际关系与公共事务学院担任日常指导教师。SISUSIO将通过举办讲座、能力培训、实习实践、校友联系、理论研究等方式,开展日常活动,多途径提升全球领导力。

此外,一些与高校合作的国际义工项目也值得在校大学生积极参与,例如,北京大学国际关系学院与WWB国际义工组织合作举办的"素履以往"国际义工项目、"行走锡兰"国际志愿交流团等项目,让北京大学的学生走出国门,到印度尼西亚、斯里兰卡等世界各地参加海外实践项目,作为国际志愿者在当地幼儿园和孤儿院体会义工工作,到大使馆、博物馆、高校进行参访体验,通过志愿活动、文化体验和机构参访,丰富成员的国际志愿实践阅历。这些经历和阅历的积累,甚至会在日后申请求职时成为重要的"敲门砖"。

附:国际组织实习的相关主要信息平台(表1.4)。

表1.4 相关主要信息平台

平台名称	网址或微信号
教育部高校毕业生到国际组织实习任职信息服务平台	http://gj.ncss.org.cn/index.html
人社部国际组织人才信息服务平台	http://www.mohrss.gov.cn/SYrlzyhshbzb/rdzt/gjzzrcfw/

续表

平台名称	网址或微信号
国家留学网国际组织实习专栏	http://www.csc.edu.cn/article/791
高校毕业生到国际组织实习任职微信公众号	微信号：gjzzzp
北京大学国际组织就业信息网	http://io.scc.pku.edu.cn
中国人民大学国际组织人才培养信息网	http://io.career.ruc.edu.cn/
北京外国语大学国际组织招聘信息专栏	https://jyzd.bfsu.edu.cn/front/channel.jspa?channelId=966&parentId=966
南开大学国际组织招聘查询	http://career.nankai.edu.cn/correcruit/index/type/1.html
上海外国语大学学生就业创业服务网国际组织实习任职专栏	http://career.shisu.edu.cn/category/gjzzsxrz.html
东南大学就业指导中心国际组织专栏	http://seu.91job.gov.cn/news/index/tag/gjzzsxrz
厦门大学学生就业创业指导中心国际组织专区	http://jyzd.xmu.edu.cn/jcjyzq/list2.htm

本章回顾与思考

1. 国际组织诞生的背景是什么？国际组织系统是怎样一步步积累完善的？
2. 国际组织在国际事务中起到了哪些作用？
3. 一般来说，国际上对于国际组织采取哪几种分类方式？你感兴趣的国际组织属于哪一类？
4. 作为世界上规模最大、最重要的全球性政府间国际组织，联合国包括哪些主要机构？联合国系统中的附属组织有哪几种存在形式？
5. 在中国与国际组织交往的历史上有哪些重要的时间点？中国在国际事务中的身份发生着怎样的改变？
6. 你认为国际组织中中国面孔的增加有何意义？
7. 如果你也想成为国际组织中的一员，你会为国际组织求职做哪些方面的准备？有哪些途径可以帮助你走向国际组织？

第二章

迈向世界舞台
——敲开联合国大门

联合国是当今世界最具有代表性、最权威的国际组织。1945年10月24日,《联合国宪章》在美国旧金山签订生效,标志着联合国正式成立。自此之后,联合国始终致力于促进各国在国际法、国际安全、经济发展、社会进步、人权及实现世界和平方面的合作。在维护世界和平,缓和国际紧张局势,解决地区冲突,协调国际经济关系,促进世界各国经济、科学、文化的合作与交流方面,联合国都发挥着相当积极的作用。

联合国总部的秘书处大楼位于美国纽约市曼哈顿区东侧,大楼前整齐排列着现有193个成员国的国旗(如图2.1所示)。联合国共有六种工作语言,包括英语、法语、俄语、阿拉伯语、西班牙语、汉语。联合国的五大常任理事国有美国、俄罗斯、英国、法国、中国,其现任秘书长是葡萄牙前总理安东尼奥·古特雷斯①。

图 2.1 联合国总部的秘书处大楼②
纽约联合国总部秘书处大楼一瞥:照片前景为各成员国飞扬的国旗。
(2017年2月23日,联合国,纽约)

历经70余年的风雨,跨入21世纪,联合国逐渐发展成熟,共形成六大主要机构,包括联合国大会、联合国安全理事会、联合国经济及社会理事会、联合国秘书处、国际法院和联合国托管理事会,以及方案、基金和专门机构等附属机构。具体架构可以参考图1.4联合国系统。

中国是从联合国走向世界的,联合国是中国面向世界的第一个平台。联合国原副秘书长、中国联合国协会原会长陈健先生将中国与联合国的关系变化分为四个阶段:第一

---

① 安东尼奥·古特雷斯,1949年4月30日出生于葡萄牙里斯本,是葡萄牙前总理,第9任联合国秘书长。古特雷斯于1974年4月加入葡萄牙社会党,1994年3月当选葡萄牙社会党总书记,1995年10月至2001年任葡萄牙总理。2005年6月至2015年12月执掌联合国难民署。2016年10月5日,联合国安全理事会投票通过安东尼奥·古特雷斯接替潘基文,当选第9任联合国秘书长。2017年1月1日,古特雷斯正式任职联合国秘书长,任期五年。
② 图片来源:联合国官方网站"news and media photo",http://www.unmultimedia.org/photo/detail.jsp?id=715/715035&key=17&query=downloaded:{0%20TO%20999}&lang=en&sf=。(最后访问时间:2018年4月26日)

阶段是1945年联合国成立到1971年中国恢复联合国代表权;第二阶段是20世纪70—80年代,联合国第一次被边缘化,中国与联合国走入第二阶段;第三阶段是20世纪80年代到21世纪初,这一阶段是联合国的黄金时期,更是联合国全面拓宽时期;第四阶段是21世纪第二个十年,这是联合国第二次被边缘化时期,中国引领联合国发展。[1] 近年来虽然我国的国际地位有了显著提升,但是我们在国际组织特别是联合国中发出的声音却十分有限。截止21世纪的第一个10年,中国重返联合国40余年的时间里,联合国170多个议题,没有哪个议题是中国提出来的。安理会的众多决议中,没有哪个决议是中国做出来的。根据联合国秘书长报告,截至2016年8月底,联合国秘书处共有职员40 131人,其中只有476名中国职员,仅占联合国秘书处职员总数的1.19%。[2] 与我们的邻国日本和韩国相比,中国籍职员规模仍有待提升。因此,在新的时期,我们需要更多的国际组织人才参与到联合国和国际组织当中,了解规则,通晓规则,更好地参与到全球治理当中。

本章共分为三节。第一节将从制度层面梳理联合国系统的用人机制,包括国际公务员制度、联合国的工作网络以及联合国对人才的素质能力要求。第二节将从职业生涯规划的角度,分别介绍实习生制度、联合国志愿人员组织(UNV)、初级业务官员(JPO)方案、顾问制度、青年专业人员方案(YPP)以及空缺岗位公开招聘制度六种重要的联合国入职途径。在了解了联合国系统用人机制和入职途经之后,本章第三节将结合以往求职者的经验,为读者介绍在联合国求职过程中各个环节的应对策略。由于联合国系统的复杂性,第三节最后特别选取了八个重要的联合国附属机构,详细介绍了其入职途径及求职攻略。

第一节 联合国系统的用人机制

一、国际公务员制度概览

国际公务员,是指联合国及其他国际组织中的各类工作人员,受国际组织行政负责人领导,并为全体成员国服务。他们兼具一般外交官的特性,为国际组织的平稳发展做出了重要贡献。国际公务员的概念有广义与狭义之分。广义上来说,国际公务员泛指在各类政府间国际组织及其下属机构工作的办事人员,其工作涵盖的范围较广,既包括联合国、世界贸易组织等全球性的政府间国际组织,也包括欧盟、非盟等地区性的政府间国际组织。狭义上来说,国际公务员则特指在联合国系统中工作的办事人员(如图2.2所示)。[3]

---

[1] 联合国原副秘书长、中国联合国协会原会长陈健先生2017年4月28日在北京大学国际关系学院学生文化节上的讲话。

[2] 参考消息:"西方把持联合国核心关键部门,中国职员数仅占百分之一",http://ihl.cankaoxiaoxi.com/2015/0928/953197.shtml。(最后访问时间:2018年4月26日)

[3] 参见《国际公务员制度》。

图 2.2 联合国工作人员日①

航拍：联合国工作人员日，众工作人员排列成可持续发展目标标志一样的队形

（2016 年 10 月 28 日，瑞士，日内瓦）

1. 系统有序的职务分类

根据联合国秘书长报告，截至 2014 年 6 月底，联合国系统共有 74 960 名工作人员，其中秘书处有国际职员 41 426 人。他们分布在包括日内瓦、维也纳、内罗毕和曼谷等地的联合国办公机构。由于数量众多，国际公务员的职务职级、工作性质等方面也存在很大差异。

国际公务员的分类标准多种多样，按职务，可分为一般人员、业务人员、司级人员、高级官员；按工作地点，可分为总部工作人员和各国办事处工作人员；按招聘属地，可分为全球招聘人员和当地招聘人员；按职位性质，可分为按地域分配名额人员和不受地域分配限制名额人员；按任用合同类型，可分为长期、定期和临时人员。此外，还可以从年龄、性别、国籍等不同角度做出更多的分类。

正如在介绍各国外交官时称呼大使、公使、参赞、一秘、二秘、三秘、随员一样，人们习惯按照职位高低来描述国际公务员，而职位也决定了他们的角色身份与福利待遇。依据职位等级，联合国职员可分为 4 类：D 级以上的高级官员，又称不叙级官员（Ungrated Category）；D 级官员（Director Category），即联合国的高级管理人员，包括 D1（特等干事）及 D2（主任）两个级别，通常由国际组织行政首长任命，有时也通过全球招聘产生；P

---

① 图片来源：联合国官方网站 http://www.unmultimedia.org/s/photo/detail/702/0702609.html。（最后访问时间：2018 年 4 月 26 日）

级业务人员（Professional Category），其中又自下至上划分为 P1~P5 五个等级，包括科员（P1 级）、高级科员（P2 级）、科长（P3 级）、副处长（P4 级）、处长（P5 级），一般采用全球招聘；G 级一般人员（General Category），通过竞聘方式产生。①

另一种重要的分类方式则以职位类别（Staff Categories）为标准，将联合国职员分为以下 5 类：业务类官员和高级别官员［Professional and Higher Categories (P and D)］；一般业务及相关职位官员（General Service and Related Categories）；本国专业干事（National Professional Officers）；外勤服务人员（Field Service）；高级任命人员（Senior Appointments）。

（1）业务类官员和高级别官员

业务类官员（P 级）和高级别官员（D 级）采用全球招聘的方式，要求精通英语和法语（如果有其他语言要求将会在公告中注明），对不同职级有不同的工作经验要求，但申请 YPP 项目则不需要工作经验。

该职类的职级由 P2（最少需要 2 年工作经验方可申请）至 D2（15 年以上工作经验）不等，工作普遍从属于以下几个工作网络：管理行政类工作网络；经济、社会与发展工作网络；政治、和平与人道事业工作网络；信息及通信技术工作网络；法律工作网络；公共信息和会议管理工作网络；内部安全和安保事务工作网络。（关于工作网络的更多信息详见本节第二部分——联合国的工作网络。）

（2）一般业务及相关职位官员

一般业务及相关职位职员统称"G（General）级职员"，主要从该机构所在地的当地人中录用，在每一个工作网络都有工作。

该类职员共分 G1~G7 七个级别，主要是秘书（承担文书、打字等工作）、服务人员（司机）和安全人员等。其中，G1~G3 级别最低，大多面向公众招聘，通过简单考试即可，但对于语言表达能力有一定要求；G5~G7 多为内部调动和升级。G 级职员如果想转为 P 级职员，必须通过联合国内部举行的一年一度的全球综合服务测试（GGST）。

（3）本国专业干事

本国专业干事通常在当地征聘，从事专业工作。这一职类要求至少拥有学士学位，而且本国专业人员的工作只能在非总部工作地点找到。

本国专业干事的服务对象是本国国民，因此其职员必须具有国家背景，即这些职员需要对本国的语言、文化、机构和制度具备一定的知识和经验。这类职位包括人权干事、政治事务干事、法律干事、医务人员、儿童保护人员、人道主义事务干事、翻译和工程师。该职位类别分为 A 至 E 五级，职级越高，所要求承担的责任和要求具备的工作经验也越高（如表 2.1 所示）。

（4）外勤服务人员

外勤服务人员通常采用全球招聘，并在外任职，具有较高的流动性。他们为联合国

---

① 这里介绍的是联合国通行的分类体系，其他国际组织的职位体系不尽相同。如经济与合作组织（OECD）习惯按照 A1~A7 的级别划分，A1~A5 相当于联合国体系的 P1~P5，A6 和 A7 则相当于 D1 和 D2；而世界贸易组织则使用 Grade1~12 来划分，其中 Grade6~Grade10 相当于 P1~P5，Grade11 和 Grade12 相当于 D1 和 D2。

外地特派团提供行政、技术、后勤和其他服务,因此必须至少拥有高中文凭或同等学力,一些职位可能需要技术或职业证书。

该职类共分四个职级:FS-4~FS-7。随着相关工作经验的增加,可以逐步申请更高的职位(如表2.2所示)。

表2.1 本国专业干事级别工作经验要求

职级	工作要求
A级	至少1~2年工作经验
B级	至少2~3年工作经验
C级	至少5年工作经验
D级	至少7年工作经验
E级	7年以上工作经验

表2.2 外勤服务人员工作经验要求

职位分类	职级	工作要求
中级外勤服务	FS-4	至少6年工作经验
	FS-5	至少8年工作经验
高级外勤服务	FS-6	至少10年工作经验
	FS-7	至少12年工作经验

对于拥有本科学位的候选人,最低年数相关经验的要求会相对降低:申请FS-6需要至少5年工作经验,申请FS-7需要至少7年工作经验。

(5)高级任命人员

与许多其他国际机构一样,联合国的高级任命人员由本组织的立法机关或首席行政干事任命,高级任命人员的任命情况如表2.3所示。

表2.3 高级任命人员的任命情况

职位	任命情况
秘书长	根据安理会的建议由大会任命
副秘书长(Deputy Secretary-General, DSG)	秘书长经与会员国协商后任命
副秘书长(Under-Secretary-General, USG)	部门主管,由秘书长任命
助理秘书长(ASG)	办公室主任,由秘书长任命

秘书长拥有任命职业技术助理总长和USG级的高级人员以及其他权力。与此同时,许多高级人员的任命也受到大会决议或相关立法文件规定的具体要求的约束。例如,内部监督事务厅副秘书长经秘书长与会员国协商并由大会通过后方可任命;按照惯例,对于秘书长特派团和部队指挥官维持和平特派团的任命,秘书长在做出决定之前应通知安理会。

2. 具有竞争力的薪酬与福利

总体来看,国际公务员的薪酬待遇十分具有竞争力,不仅能够保证工作人员享有高质量的生活水平,其津贴福利也能够全方位地支持员工生活的方方面面,包括养老保险、社会保险、教育补助、住房补贴等。不同职位的国际公务员享有的薪酬与津贴福利也各有差别,下面将分别从这两个方面进行详细介绍。

(1) 薪酬体系

联合国职员的工资参照美国联邦公务员制度的待遇标准发放,综合考虑了华盛顿与纽约的生活指数差异。正如上文介绍,联合国公开招募的职员级别一般可分为 G 级、P 级和 D 级。随着职员专业级别的增加,其工资也不断提升。从 P1 专业一级到副秘书长共九级,最高和最低级别的实际收入相差约 4 倍。但是,即使是联合国内一名最低等级的专业人员,其年薪也有 3 万多美元。如此优渥的薪酬待遇为联合国职员提供了可靠的生活保障。

对于业务类官员(P 级),则 P1~P5 的每个职级又分为若干挡:专业五级十三挡,专业四级十五挡,专业三级十五挡,专业二级十二挡,专业一级十挡。这些被称为"段辐",对应国际公务员的年度工资,亦称"宽辐工资"。这是一种灵活奖励个人业绩和贡献的方法,以一个加宽的分类职等(即一个段辐)取代几个分类职位等级。一般来说,同一级别的国际公务员,每工作一年可以增加一个段辐,相应工资也会提高。但是高级别的岗位(一般为 P4 以上)则往往需要工作 2 年以上才可以提升一个段辐。

当然,联合国内并非完全按照资历支付工资,还存在一些激励机制,可以快速增加段辐。如通过一门外语的考试、绩效考核优秀、到艰苦地区工作等都可以提前获得增加段辐的机会。因此,对于国际公务员来说,专业级数越高、挡数越高,工资也就更高。在这样的计算方式下,专业五级十一挡的薪水比副司一等要高,专业三级十挡的工资要比专业四级高一挡。这样的结果乍看比较奇怪,但却有其合理性。众所周知,高级别的职位总是大大少于低级别的职位,并不是每一个人都能从最低的 P1 级晋升到 D 级管理人员,甚至是助理秘书长的级别。这一工资制度使得国际公务员能够在级别不变的情况下实现收入增长。

不过,级别和段辐并非决定工资的唯一标准。国际公务员的工作地点遍布全世界,而各地的物价水平各不相同,为了确保各地工作的国际公务员的地区生活水准能够维持与其在纽约相同的水平,联合国采取了通过确定各地的生活系数来支付地区调整津贴的方式,以确保在世界任何地方工作都能获得实际上大致相等的收入。地区调整津贴以各地的生活费及物价变动为基础,通过各城市算出的每月工作地点差价调整数(Post Adjustment)及基本工资来确定(基本工资的 1‰×工作地点差价调整数)。工作地点差价调整数等级则以一定时期纽约的生活费指数为基准,根据每一工作地点的个别差价调整数指数所反映的生活费来确定,等级用乘数点表示。除此之外,还考虑到了结婚和单身的区别,已婚职员的地区调整工资要高于单身职员。需要指出的是,虽然万国邮政联盟的总部设在伯尔尼(瑞士),但伯尔尼采用日内瓦的工作地点差价调整数和一般事务人员薪金。近年来随着物价水平的上涨,各地的工作地点差价调整数也略有上升,如 2014 年纽约的指数是 68.4,即在纽约工作的国际公务员能拿到基本工资 68.4% 的地区津贴。

国际公务员工资示例(底薪+地区津贴,2014 年估算数据)如表 2.4 所列。

表 2.4 国际公务员工资示例　　　　　　　　　　　　　　　　　　　　单位：美元

职务	工作地					
	纽约	日内瓦	曼谷	罗马	巴黎	维也纳
P2 StepⅢ（没有需要抚养的家属）	81 254	98 978	73 006	75 804	77 915	75 853
P2 StepⅠ（有需要抚养的家属）	82 454	100 439	74 084	76 924	79 066	76 973
P3 StepⅢ（没有需要抚养的家属）	97 276	118 494	87 401	90 752	93 279	90 810
P3 StepⅤ（有需要抚养的家属）	109 112	132 913	98 036	101 794	104 629	101 860
P4 StepⅢ（没有需要抚养的家属）	116 436	141 834	104 616	108 627	111 652	108 697
P4 StepⅥ（有需要抚养的家属）	132 978	161 984	119 479	124 059	127 514	124 139
P5 StepⅡ（有需要抚养的家属）	146 529	178 491	131 655	136 701	140 508	136 790
D1 StepⅠ（有需要抚养的家属）	170 803	208 059	153 464	159 347	163 785	159 450

如加入联合国提供的保险,则从上述数额中减去保险费。另外,还会对满足条件的职员发放教育补助金、流动津贴、困难津贴等。

（2）津贴福利

除由底薪和地区津贴组成的工资外,国际公务员还享有各类津贴福利,如图 2.3 所示。

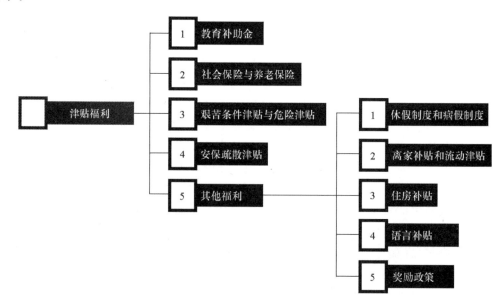

图 2.3　国际公务员享有的各类津贴福利

① 教育补助金

教育补助金是国际组织工作人员整套报酬中的一个基本项目,也是吸引和挽留工作人员的一个重要手段。这种补助金属于离国服务的性质,只支付给国际征聘的工作人员,以支付他们的子女因移居国外而需要的一些教育费用,不包括居住在本国的国民。联合国规定,在母国之外工作的国际职员,其子女在25岁及取得最初学位之前,在上学及其他教育设施的费用之中可以领取金额为实际支出费用的75%的教育补助金,但是有最高限额,最高限额各国不一,美国的情况是每名子女34 190美元(2012年度)。

② 社会保险与养老保险

联合国有健全的养老保险和医疗保险等社会保险体制。一般而言,个人基本工资的10%会被扣除作为社会保险费。工作10年以上者还可加入联合国职员专项健康保险。有资格领取退休金的人员,退休后也有资格加入健康保险制度。因为合作的保险公司以及工作地区各不相同,秘书处以外的国际组织的健康保险制度也各不相同,但健康保险的缴纳一般为本人及国际组织各付一半。

联合国的退休年龄制度灵活而人性化。早在1989年,联合国通过决议,规定从1990年1月1日起,联合国国际公务员的法定退休年龄由过去的60岁提高到62岁。而且,这一规定不仅是机械的60岁或62岁的界定,而是针对不同的情况,分别采取正常年龄退休、提前退休和延后退休三种形式。也就是说,只要本人愿意接受按比例降低的月退休金,可选择在任何年龄离开,而不会受到限制。此外,共同养老基金也为职员提供了多项补助,如退休补助、提前退休补助、延迟退休补助、残疾补助、子女补助、遗孀补助、非直系亲属补助、回原籍安置费等。国际公务员从联合国离职时,需要在这些补助中权衡得失,谨慎选择。

③ 艰苦条件津贴与危险津贴

艰苦条件津贴是一项不计养恤金津贴,目的是对因派任到困难工作地点而经历不同程度艰苦条件的工作人员做出补偿,用来支付给国际招聘的派任期一年或一年以上的工作人员。根据目前的办法,在评价某一特定地点的状况时采用以下七个艰苦条件因素:安全、健康、住房、气候、当地条件、孤独程度和教育。对各艰苦条件因素的评估等级从A至D不等,将各因素评级结合起来就产生A至E的艰苦条件因素总评级。B级以下即可领取该项补贴,具体金额依据工作场所的艰苦程度、职员级别、是否有抚养人等情况来确定。如P3级的国际职员带家属在越南河内工作时,每年可以领取5670美元,单身职员则每年可以领取4250美元。

危险津贴是为必须在非常危险的地点工作的国际职员和当地征聘工作人员发放的特别津贴,危险津贴的发放期限通常最多为连续3个月。当认为危险情况已减弱时,即可停止发放危险津贴。

④ 安保疏散津贴

安保疏散津贴旨在帮助冲抵工作人员及其有资格的受抚养人因从任职地点疏散而增加的直接开支。负责安保和安全的副秘书长一旦正式宣布从工作地点疏散(让工作人员和/或其合格家庭成员离开工作地点国家,到另一国家的指定安全区),国际征聘工作人员及其合格家庭成员就要疏散到获得批准的地点。批准从工作地点疏散时即支付安全疏散津贴。这一津贴额在2001年分别为工作人员160美元/人、合格家属80美元/人。2009年,津贴额分别提高到200美元/人和100美元/人。

⑤ 其他福利

除上述津贴福利外,成为一名国际公务员还意味着将享有以下福利待遇。

a. 休假制度和病假制度

除了一般的周末休假,联合国还允许每月2天的带薪休假,并且可以累积。国际职员还享有病假、产假及特别休假等。在母国之外工作的国际职员,还可以享受回国探亲假,一般时长4~6周,并且可以报销全家的往返机票。

生病是人之常情,所以病假在所难免。对于不足一年的定期合同员工来说,每个月的病假不能超过2天。但是对于受聘5年以上的职员来说,则在连续4年的工作期间能享受9个月的半薪病假和9个月的全薪病假。如果因为公共疾病卫生状况,如疫情、隔离而导致无法上班,职员的工资报酬并不受影响。此外,女性工作人员还有6~8周的产假,享受全薪假期的待遇,并且产假不影响其年假的计算。

b. 离家补贴和流动津贴

离家津贴是国际职员到母国以外的地区工作时领到的津贴,会根据调动的次数及工作地点的困难程度确定其金额。如P3级的国际职员带家属调到发达国家之外的地区工作时,每年可以领取6960美元,单身职员每年可以领取5220美元。

c. 住房补贴

房屋租金超过各地住房标准(纽约的情况是单身职员为基本工资+地区津贴的32%、有配偶者为29%)时,其超出的部分(最高限额为住房标准的80%以内)可以领取住房补贴。领取比例是在超出金额的40%以内,根据在同一地区工作年数的递增而递减,最多可以领满7年。如在纽约P3级3段的已成家的国际职员,租住每月4000美元房屋时,可以领取每月1237美元的住房补贴。

d. 语言补贴

多元的语言能力不仅是满足特定职能要求的重要条件,而且可以增进对多种文化组织的全面理解,从而建立起一支更灵活的劳动队伍。具体来说,联合国实行两种语言奖励办法:对专业人员给予奖励,对一般事务人员支付津贴。为此,联合国语言方案以100多个考试地点的庞大网络,为联合国系统许多其他组织承办语言能力考试,每年为大约3000名工作人员举办六种正式语言考试。考试通过者获得相应的语言奖励。P级公务员只要多学一种联合国官方语言,并且通过测试,就能够获得语言补贴,所学语言最多两种。

e. 奖励政策

2011年2月,联合国项目事务厅机构业务组批准了一项奖励、认可和惩治政策。同年7月,项目厅向委员会第73届会议通报了它的政策和今后要采取的步骤。这一政策的目标是:让主管认可和奖励优秀业绩;既奖励个人贡献,也奖励团队的贡献;推行创新组织文化和创业精神;促进和加强项目厅的核心价值;使所有人都重点注意项目厅的业务指标;加强项目厅的业绩管理,取得有效的成果。项目厅指出,这一政策有四个要点:7类团队和个人认可奖、惩治次劣业绩、绩效晋升、绩效奖励。

二、联合国的工作网络

为了提供更多的就业机会,联合国建立了工作网络系统(Job Networks),每个工作网络都是一个灵活的工作群组,具有共同、相关和相互联系的工作责任与职能。工作群组则由同一职业范围内的正、副职位构成。作为联合国工作网络系统的一部分,联合国员工可以获得开发新技能的机会,学习多种学科知识,并最终进入组织内不同部门工作。一名合格的工作人员可以根据自己的背景和职业兴趣加入一个或多个网络,这大大拓展了职业发展路径。联合国的工作网络可以分为以下九种,如图2.4所示。

图 2.4 联合国的工作网络

1. 管理行政类工作网络

此工作群组包含的具体职位有行政、审计、伦理相关、检验与评估、调查、金融、人力资源、投资管理、管理与分析、监察专员和采购等。

管理行政类网络的工作重点是管理人力和财力资源,保证职业道德,承担调查和审计、管理和分析以及行政支持等具体职责。在更高层次上,这一网络系统内的工作人员的工作对联合国的管理实践、政策、问责制和相关问题的战略方向,包括关于采购和预算的关键决定都有不容小觑的影响。

2. 经济、社会与发展工作网络

此工作群组包含的具体职位有毒品管制与犯罪预防、经济事务、环境事务、人口事务、方案管理、公共行政、社会事务、统计、可持续发展等。其就业机会主要分布在位于纽约的经济和社会事务部,以及总部设在日内瓦、贝鲁特、曼谷、亚的斯亚贝巴和圣地亚哥的联合国五个区域经济委员会。总体来讲,这个网络对促进社会的经济发展有着重要的作用。

经济事务中的大部分工作需要进行全球性、区域性以及国家范围内的行业分析。行业内的工作人员需要在分析发展趋势及相关政策的同时,积极完成实证研究和实质性探索。随后,再根据研究成果撰写相关报告和出版物,以支持经济和社会理事会的工作。

在社会与发展方面,该网络中的许多工作则专门负责处理政府间支持、组织国际会议和论坛、编写总结报告等。技术合作领域内的相关工作还包含了毒品管制和犯罪预防、组织专家研讨会和协调项目建设。除此之外,这一网络系统还涵盖了统计与人口事务,其工作重点主要在于社会经济指标的分析研究和报告。

3. 政治、和平与人道事业工作网络

此工作群组包含的具体职位有与民政事务、选举事务、人权事务、人道主义事务、政治事务、法律规则和安全机构等相关的工作岗位。工作地点位于全球范围内的秘书处办公室。

该工作网络的工作包括政治分析,为联合国大会、安理会及其附属机构和委员会编写工作报告等。除此之外,还可能涉及参与政治组织工作和编写关于政治、人道主义和紧急救济等问题的研究报告。工作人员负责参与、组织各种机构之间框架内的活动,为政治发展、选举事务和法制法规提供支持。

此网络内的工作成员可以参加以联合国为关键成员的国际公约和委员会。在本组织的纽约总部,工作成员与会员国常驻代表团密切合作,协调联合国大会规定的各种议题的政治工作、报告和监测。

这个工作网络还包括维和行动、和平建设、冲突解决、人权及人道主义事务、选举进程、裁军、反恐等相关领域的工作。

4. 信息及通信技术工作网络

此工作群组包含的具体职位有与媒体技术、电信技术和信息管理系统技术相关的工作岗位。

信息及通信技术工作网络为联合国制定总体战略方向,规划并协调各种信息技术活动,提供企业系统支持和基础设施,在联合国内部执行技术方面发挥着至关重要的作用。具体来说,其职责包括信息和通信技术研究、制定和评估政策、发展和建设基础设施以支持联合国的信息和通信技术系统,包括计算机、电信、办公自动化、软件和硬件支持以及互联网运营与相关企业应用。工作的附加责任还包括为联合国信息资产工作流的管理工作提供新技术,以及计算机处理和通信技术的研究和开发。在更高层次上,工作职责通常还包括参与各种委员会、制定总体战略和政策,为有关政策问题提供文书支持,并帮助管理各部门的技术活动和业务行动。

5. 法律工作网络

此工作群组包含的具体职位有与法律研究、法律事务相关的工作岗位等。

法律工作网络旨在为秘书处和联合国其他机构提供统一的法律服务。该网络提供关于国际、国家、公共、私人、程序和行政等领域的法律服务,并在联合国机构中担任实质性秘书处的职能。它帮助各部门快速理解、接受和应用1982年联合国大会通过的海洋法公约和有关执行协定,并且在与条约法有关的事项上向会员国提供协助。其工作职责还包括向本组织提供法律咨询和服务,就宪法和其他法律问题提供咨询意见,以及接纳会员国申请,审核代表国的全权证书,协调与东道国的关系、特权和豁免权等。同时,该网络还代表联合国进行司法诉讼,起草国际公约和其他文书,以及缔结协定或解决国际争端、谈判等。

6. 公共信息和会议管理工作网络

此工作群组包含的具体职位有与会议服务、文件及信息管理、语言、协议、公共信息等相关的工作岗位。

公共信息和会议管理网络在促进各国对联合国工作的了解方面发挥着关键作用。这个工作网络将联合国的核心信息通过各种通信工具,包括广播、电视、印刷出版物、互联网、视频会议和其他新的信息技术,以及联合国新闻中心网络向世界传达。该网络中心的另一个重要职能是管理联合国大会的年会议程及在纽约联合国总部进行的各机构会议,其中包括提供同声传译服务以及翻译和发布6种正式语言的会议文件。

这个网络中的工作职责涉及规划、管理、评估公共交流活动;建设和促进战略联系;建立合作伙伴关系,确保有效的公众沟通。具体来说,该网络中的职务涵盖了作家、摄影师、插画家、广播制作人、电影和录像制作人、编辑、速记员、笔译员、口译员、摘要写作员、修订者、术语学家、文献参考助理、影印助理、校对工作者、文字处理、印刷和发行员等。该工作网络还提供非语言相关的工作,比如会议工作人员和协议工作人员,负责规划、协调、服务会议等各种相关活动。

7. 内部安全和安保事务工作网络

此工作群组包含的具体职位是与保障安全相关的各种职务,例如,负责协调内部安全和安保事务工作网络的管理安保人员等。

该工作网络的责任包括确保联合国工作人员的人身、财产安全和设施安全,规划、制订、管理安保方案。安保工作人员对安全标准和程序制定有突出贡献,他们共同分析影响联合国工作人员和行动安全的安保文件,进行威胁和风险评估并实施适当的风险缓解措施。该工作网络的内部成员可能需要处理各种紧急或危机情况,解决与联合国工作人员和建筑安全相关的更为复杂的问题等。

8. 物流、运输和供应链工作网络

此工作群组包含的具体职位有工程师、设备管理、人类居住、物流和供应链、物流和资产管理、运输等相关工作岗位。

物流、运输和供应链工作网络的职责重点是管理基础设施,运营和提供后勤支持。此外,该工作网络的责任还包含了设施管理、工程和运输的各个方面。组织内的另一个重要团队由物流和供应链专家以及管理资产和设施的工作人员组成。联合国在维和任务中派出了大量后勤人员、空中业务专员、行动控制专家和其他技术专家,他们的职责就是向所需区域提供用品和服务。

9. 科学工作网络

此工作群组包含的具体职位有护士、药剂师、医护人员、兽医和牙医等医疗、自然科学和生命科学相关的岗位。科学工作网络的工作重点是提供医疗相关服务,研究、发展人类学和自然生命科学。该网络的另一组功能涵盖了气象学、外层空间科学、法医人类学与病理学。

三、联合国的人才素质要求

联合国对于青年人才的素质能力有着一定的要求,经过联合国人力资源部门多年经验的积累,总结成为全球能力模板,并以此为基础形成了人才考核体系。

第一,在联合国工作中最基础的能力是语言能力。联合国有六种官方工作语言,其中,英语和法语最受重视,兼具这两种语言能力的求职者进入国际组织有着天然的优势。很多联合国机构在招聘时都要求应聘者能够使用两种或两种以上语言进行交流。当然,除了要做到听说读写"四会",更为重要的是能够运用这些语言进行沟通交流,比如进行协商谈判、做口头报告、在公众面前演讲、撰写相关报告或文件等。与此同时,联合国要求员工必须能够与不同的对象进行交流,并做到有效、清晰、简洁、准确可信,能阐释复杂的问题;同时,要有吸引力,便于对方理解。

第二,在联合国工作中最重要的是综合素质。说到能力,人们一般首先想到的是专业知识和技能。诚然,应聘任何单位都需要具备相关领域的特有知识。然而,联合国更加重视的是另一类能力,即我们所说的综合素质。表2.5是全球能力模版(Global Competency Model),反映了对国际公务员各方面能力的总体要求,分为核心能力和管理能力两大类共13项内容,供求职者参考。

表2.5 全球能力模板

【核心能力】(Core Competencies)	
交流能力 (Communication)	清楚、高效地进行语言和文字交流
	倾听他人,正确理解信息并做出适当反应
	对不明了的事情进行询问,并乐于进行双向交流
	针对特定听众身份选择语言、语调和表达方式
	与他人分享信息
团队合作 (Teamwork)	与同事合作完成任务
	真诚地征求他人意见和专业知识,乐于向他人学习
	将组织的日程放在个人安排之前
	以行动支持组织的最终决定,即便这不符合个人利益
	与团队分享成果和荣誉,与团队共同承担责任
计划与组织能力 (Planning & Organizing)	为既定的目标制订清晰的计划
	为不同的行动确定优先级,并根据要求调整
	为完成任务合理分配时间与资源
	预见可能的风险并制订应急方案
	必要时监督、调整计划和行动
	高效利用时间
责任 (Accountability)	珍惜荣誉,勇于担责
	在所负责的领域,保时、保质完成任务并控制成本
	遵守组织规章制度
	支持并监督下属的工作,对分配的任务承担责任
	对个人、单位的缺点负责
创造力 (Creativity)	主动寻求改进项目或服务
	为解决问题或服务客户需求提出新的方案
	鼓励他人提出新想法
	在新方案中控制风险
	不被传统观点或方法束缚

续表

客户导向 (Client Orientation)		将所有接受服务者视为"客户"并从客户的视角观察理解事物
		通过获得信任和尊重,和客户建立并保持高效合作机制
		了解客户需求并提供相应的解决方案
		监督客户所处环境内外的发展变化并预见可能的问题
		及时向客户反馈进展或困难
		按时向客户提供应有的服务
长期自主学习 (Commitment to Continuous Learning)		及时掌握本专业内的新发展
		积极提升自我
		帮助同事和下属学习
		乐于向他人求教
		获得反馈,改进提升
接纳新技术 (Technological Awareness)		及时掌握新技术
		了解工作所需技术的优缺点
		积极采用新技术
		乐于学习新技术
【管理能力】(Managerial Competencies)		
领导力 (Leadership)		管理个人或团队
		建立团队如何实现目标的战略
		解决团队内部的冲突
		引领改变和持续改进
		作为团队领导代表组织整体
		获得团队、部门或组织以及外部的关键战略支持
宏观前瞻性 (Vision)		为解决关键问题,机遇和风险的团队或工作单位制定战略
		确保地方战略符合组织方向
		为战略方向进行沟通赢得支持
		探索未来的可能性和方向
激励团队 (Empowering Others)		管理个人或团队
		移交工作交给他人并对结果负责
		为员工和团队设定目标
		通过建立积极的工作环境来激励员工
		协同工作或管理协作活动
建立互信 (Building Trust)		管理个人或团队
		将重要工作交给他人
		与内部或外部联系人谈判
		处理机密或高度敏感的信息
管理能力 (Managing Performance)		管理个人或团队
		建立一个团队的报告路线和责任分配
		对人员进行任务分配
		进行审查会议,以监测绩效和项目进展情况
		行为考核
		向他人提供正式和非正式的反馈
		担任教练或导师

续表

决断力 (Judgement /Decision-making)	对影响个人或团队管理或其他的方面做出决定
	收集和分析复杂的问题和数据
	解决复杂的问题
	形成或提出可替代的行动方案
	采取强硬或不受欢迎立场对抗阻力

联合国所聘公务员的要求,不单纯是技术性、专业性的,更重要的是在任何职场都需要的沟通能力、管理能力,尤其强调国际组织、跨文化工作所需要的某些能力,如伙伴关系(Partnership)、团队精神(Team Spirit)、协同配合(Synergy)、互动交流(Interaction)、相互尊重与理解(Mutual Respect and Understanding)等。在工作中,要有意识地培养有效行为的能力,避免无效行为。

当然,不同的联合国机构对应聘者的素质能力要求存在差异,因此在应聘不同的机构前,应当做好充分的准备工作,了解应聘机构特殊的价值取向及能力要求,为求职增加成功的概率。下面以联合国儿童基金会为例,希望求职者能够同时掌握联合国素质能力要求的一般性,以及具体机构特殊性的核心价值及能力诉求。

1. 儿童基金会核心价值

① 多样性和包容性:以尊严和敬意对待所有人;尊重文化和宗教的差异,并对此保持敏感;质疑和挑战工作中的偏见、歧视和偏执;鼓励多样化。

② 诚信:保持高度的道德标准;采取明确的道德立场;坚守承诺;立即处理虚假和不诚实的行为;抵制决策时的政治压力;不滥用职权和威信。

③ 承诺:对组织和儿童基金会的使命承诺;在日常活动和行为中坚持儿童基金会的价值观;寻求新的挑战、任务和责任;推进儿童基金会的事业。

2. 儿童基金会核心能力

① 沟通交流:说话流利;清晰地表达观点、信息和关键点;自信并有技巧地进行公开展示与演讲;快速地回应观众的需求和反馈;传递可信性;根据对象的需求和理解组织信息;有条理、有逻辑地展示信息。

② 与人合作:尊重团队成员的观点及贡献;富有同情心;倾听、支持和关心他人;向他人咨询,并与他们分享信息和专业知识;建立团队精神,协调矛盾;适应并融入团队。

③ 结果驱动:对任务完成的质量与数量设置高标准;监测并保持质量和效率;以系统的、有序的方式开展工作;坚持达成项目目标;关注内外客户的需求与满意程度;充满热情地接受并实现挑战性的目标。

④ 制定战略:有策略地工作,从而实现儿童基金会的目标;制定和完善工作策略;对组织的未来发展潜能形成积极且具有竞争力的愿景;积极承担责任,解决儿童基金会的相关问题。

⑤ 关系网络:与外部合作伙伴或职员建立良好的人际关系;在儿童基金会内部与外部建立起广泛且有效的社交网络;良好地与任何层级的人员打交道;调和矛盾;适当地运用幽默以调适人际关系。

⑥ 创新能力：提出新的主意、方法和创见；在自身领域提出项目设计和解决的新方法；提出解决问题的新形式。

⑦ 应对变化：适应变化，包括对突发事件和其他危机的应对；承受不确定性；接纳新思想与改变倡议；根据不同的对象与处境调整自身的人际交流风格；对新经历有明确的兴趣。

⑧ 领导管理：为他人提供明确的方向；激励并授权他人；雇用高水平的员工；为员工提供发展机会与培训。①

如上所述，国际组织通常采用基于能力的面试（Competency Based Interview）来进行人才的筛选，以便挑选出最适合机构文化与工作岗位的候选人。了解这些能力，不仅能够帮助我们做好职业选择，更能够帮助我们更好地应对考核，通过面试。

随着教育水平的不断提高，相当一部分中国青年学生已经能够熟练掌握一门或两门外语。语言能力已经不再是中国有志青年到国际组织工作的主要障碍。然而，青年学生仍然相对缺乏批判性思维和表达能力。批判性思维要求学生要始终保持对文化的敏感和社会责任感，要学会观察和思考世界，要勇于提出挑战性的问题。表达能力既包括交流能力，也包括写作能力，尤其是撰写报告的能力，要求在充分了解国际概念的基础之上，熟练运用工作语言将对问题的思考有逻辑地表达出来。这些重要的概念包括国际发展、性别概念、环境保护、贫困问题、项目管理工作方式等。② 中国的青年学生需要在学习过程中不断弥补能力上的不足，以期融入国际组织并胜任国际工作。

第二节　联合国入职途径

对于向往在多元文化环境中工作、有着国际关怀的中国青年来说，在联合国任职是一个理想的选择。联合国吸引着全世界的优秀青年，可想而知，进入联合国并不容易，但它也并非遥不可及。有时，联合国招聘的竞争并非我们想象中那样激烈。例如，在某次儿童基金会国际部实习招聘，3 个岗位仅有 12 名申请人，入选概率还是相当大的。毋庸置疑，机会总是垂青准备充分且信念坚定的人，而这一切的基础是对于联合国主要入职途径的了解。如何把握机会、选择适合自己的入职途径，将是本节介绍的重点。

本节总结了六种重要的联合国入职途径，其中，既包括联合国实习方案这样仅面向在校大学生的临时项目，也包括通过空缺岗位公开招聘成为正式国际公务员的长期项目。不同的入职途径对求职者的要求各异，对应聘者的意义也不同（如表 2.6 所示）。

联合国实习方案（Internship）为尚未拥有实际工作经验的在校生提供了一个宽广的国际化平台。通过实习，在校生可以深入体验联合国，了解国际事务与国际规则。对于许多联合国求职者来说，实习是成长为全球治理人才至关重要的一步。目前，在联合国任职的、非中国政府委派的最高级别中国籍官员徐浩良就是从一名实习生逐渐成为联合国助理秘书长的。

---

① 北京大学教育学院哈巍老师课程讲义。
② 北京大学首都发展研究院副院长，京津冀联合创新中心秘书长蔡满堂在北京大学 IO Course 上的课程讲义。

表 2.6 六种重要入职途径的对比分析

项目渠道	最基本要求						是否提供薪酬/补贴	项目结束之后，6个月之内是否可以应聘联合国职位	是否是联合国工的正式职员
	最低学历要求	最低工作相关经历要求	年龄要求	语言要求	国籍要求	其他			
实习	本科高年级在读、硕士及以上（应届毕业不超过一年）	无	无	至少精通英语，同时掌握联合国其他语言方言者更佳	无	视不同岗位而定，但诸如熟练操作电脑及软件标准等技能、团队合作精神、奉献精神等，显然均是联合国所要求的，在此不再赘述	大多数联合国机构不提供薪酬（另：部分国家组织的具体岗位可以申请基金留学管理与补贴）	可以申请G级岗位，不能申请P级岗位	否
JPO	硕士及以上学位	至少两年相关工作经历	联合国规定的年龄上限通常为32周岁，但不同捐助国的要求不同；中国要求年龄不超过35周岁	精通英语（或）法语，同时掌握其他语种者更佳	有①。需拥有该项目捐助国国籍。中国公民可以申请部分国际组织的JPO项目		是，由派遣国资助	是	只是短期工作人员，但国际正式国际组织参照职员管理

① 目前只有部分捐助国参与联合国的 JPO 项目，仅其公民有资格申请此项目。

续表

渠道 \ 项目		最低学历要求	最低工作经历要求	最基本要求 年龄要求	语言要求	国籍要求	其他	是否提供薪酬/补贴	项目结束之后,6个月之内是否可以应聘联合国职位	是否是联合国的正式职工
UNV志愿者	UNV海外志愿者	大学本科或高级技术职称	至少两年相关工作经历	至少25周岁,无年龄上限	至少掌握如下一门UNV工作语言:英语、法语或西班牙语	无		是,作为住宿、机票费用的相关补贴	是	否
UNV志愿者	UNV国内志愿者	高级技术职称,大学本科或硕士学位		至少22周岁,无年龄上限	同上,另需掌握一门当地语言				是	是
顾问		硕士学位及以上①	视不同岗位而定,有相关工作年限要求	无	至少精通英语			是	是	是
空缺岗位公开招聘		硕士学位及以上②	视不同岗位而定,大多都有相关工作经历要求,有的甚至要求长达15年	无	视不同岗位而定,但至少精通英语			是		是
YPP		大学位的第一学位是报考科目要求的专业背景	无	不超过32周岁	流利掌握英语或法语	需拥有该项目参与国国籍		是,由录用的国际组织组担		是

① 要求环境、自然资源管理、公共政策及公共关系等专业硕士(MA或MSc)学位及以上文凭。一流大学本科学历如果有符合条件的经历同样可能被录用。

② 要求本科以上文凭(硕士学位或其他同级别学位)。一流大学本科学历如果有两年额外的符合条件的经历同样可能被录用。

对于已经具备数年工作经验,并想要尝试联合国工作的职场人而言,联合国志愿人员方案(The United Nations Volunteers Programme,UNV)、初级业务官员方案(Junior Professional Officer Programme,JPO)或者以顾问身份入职将是最佳的选择。这三类入职方式都存在一定的工作期限,具有较强的临时性。以 JPO 为例,工作期限一般来说为 2~3 年。虽然在职期间享有国际公务员身份,但是工作期限结束后,求职者仍然需要再次求职。因此,这三种入职途径并非需要求职者具有长期的职业生涯规划,求职者可以根据本人的短期诉求进行职业选择。如果立场坚定,决心成为一名正式的国际公务员,则可以选择以下两种方式进入联合国,即青年专业人员方案(Young Professionals Programme,YPP)或者空缺岗位公开招聘。

首先,让我们来共同梳理一下这六种入职途径对应聘者的最基本要求,包括最低学历要求、最低工作经历要求、年龄要求、语言要求、国籍要求和其他要求。对于应聘者来说,这些条件都是必须满足的,如有任何一项不符合,都将无法以该种方式入职。表格中还列举出该求职方法是否提供薪酬或补贴,以及该项目结束后的求职限制。

一、联合国实习方案①

为了使在校青年能够通过实际工作体验更深入地了解联合国,也为联合国培养未来的潜在人才资源,联合国多数组织和机构均向各种专业背景的在校生或毕业不超过一年的毕业生开放实习。联合国实习方案对实习生国籍并无要求,非联合国成员国的国民同样可以申请。实习周期一般在 2 个月左右,若实习生有意延长实习期限,经实习机构同意,则可予以适当延长,但至多不超过 6 个月。原则上,实习生需全职实习,即每周工作 5 天,但视不同机构的具体要求而定。

不同于一般实习机构,绝大多数联合国组织与机构②不向实习生提供任何报酬和财务补偿;实习生的签证、旅费、住宿费及生活所需费用都要由实习生个人自行负责。但对于实习生而言,他们将在实习期间接受与自己学科紧密相关的工作安排,与各方的杰出专业人士及高级管理人员交流协作,了解并参与高级会议,为联合国的分析工作和组织政策建言献策;在实习结束后,他们也将收到来自联合国的书面评价报告和建设性反馈建议。需要指出的是,实习结束后的 6 个月内,实习生没有资格申请或被提名为除顾问以外的任何联合国专业级别(P 级)职位。

近年来我国相关部门如外交部、人社部、教育部、国家留学基金委以及各大高校纷纷设立相关选派项目或资助制度,鼓励和支持在校生走出国门,到国际舞台上发光发热(详见本书第一章第四节"从这里走向世界")。目前发展比较成熟的是国家留学基金委国际组织实习项目。通过该项目,在校生可以申请到国际民航组织、联合国教科文组织、国际电信联盟等国际组织进行实习,并且获得一定的资金支持。北京大学也与

---

① 联合国根据联合国秘书长告示 ST/SGB/1997/1 的第四条第二项,制定并发布联合国的实习生选拔、工作条件、制定程序等实习管理指南。该管理指南被称作关于实习的总原则,而联合国以及所有国际组织都根据该管理指南运作实习计划。特附该管理指南全文于本书附录三中。

② 少数组织和机构提供一定报酬,如世界银行、国际劳工组织、国际原子能机构、世界粮食计划署、国际农业发展基金等。国际货币基金组织在聘用 30 岁以下在读博士生为实习生时,还会为实习生提供与一般职员类似的待遇。

联合国儿童基金会总部签订协议,定期选派优秀在校生赴海外进行为期3~6个月的实习。

1. 联合国总部的实习机会

根据最新的联合国实习生管理指南,该实习机会面向高年级本科生、研究生(硕士及博士在读)以及毕业一年以内的学生开放,且须具有优秀的学业成绩、出众的分析能力、杰出的写作及语言能力、出色的沟通能力和人际关系以及IT能力等(图2.5)。该实习仅在联合国纽约总部开展,每年共有3期实习,分别是春季期(一月中旬至三月中旬)、夏季期(六月上旬至八月上旬)和秋季期(九月上旬至十月下旬)。春季期和夏季期基本与我国的寒暑假时间吻合,适合在校生申请。若申请秋季实习,则需要提前安排好学业,并向所在学校或院系提交情况说明。每期申请一般在实习期开始4个月前截止;在申请截止前,申请人需要在UN Career网站上注册用户并创建个人简历(PHP),发现总部有实习公告且有意申请时,提交申请,在24小时内将收到一份确认邮件。实习期间实习生每周工作5天,工作时间为上午9点到下午5点。联合国实习生管理指南中规定,"实习生的任务与实习生的学科相关",根据不同的组织,可以说实习生的业务内容也有不同。由于实习生工作经验尚浅及工作周期较短,所以实习生大多只是执行"辅助性业务"。例如,支持起草及准备官方文件,参加会议及写作摘要,文件、法律、网络搜索,会议期间提供援助,网络演示操作,项目评估,进行统计,分析媒体,写演讲稿等。但事实上,根据实习生和其管理者的关系,以及实习生自身的想法与能力,实习生也可以积极开拓自己的业务范围。做到这一点,最重要的就是积极选择自己希望从事的领域。

图2.5 潘基文秘书长会见联合国实习生[①]

前联合国秘书长潘基文(图中持话筒者)在大会堂会见联合国实习生

(2012年12月11日,联合国,纽约)

[①] 图片来源:联合国官方网站 http://www.unmultimedia.org/photo/detail.jsp? id=537/537782&key=8&query=intern&lang=en&sf=。(最后访问时间:2018年4月26日)

被录用后，实习生需要签订实习协议。该协议内容包括遵守联合国的所有规定、指南、程序等；不做违反联合国和业务部门的规则或目的的行为；尊重联合国或工作部门的独立性和公平性；不遵照除联合国之外的任何政府或机构的指示；不泄露实习期间了解的、尚未出版的任何信息；在遇到病假或无法结束实习的不得已情形时，立即提前通知；诚实填写实习最后的"实习评价质疑书"，提交给实习部门；向实习部门返还本人的ID卡等。协议内容还包括自己负担所有滞留费用、自己承担所有责任、严格遵守联合国的所有规定。例如，实习期间联合国不支付工资，所有经费由本人或援助本人的政府或机构承担；联合国对实习期间发生的事故或疾病不承担责任，医疗保险应由本人自行投保；实习期间或实习期结束后6个月内，不得参加自己作为实习生工作的联合国部门的招聘考试等。

联合国总部同样不支付实习生任何薪酬与补贴，实习生需自行负担包括赴美机票、在美住宿、交通、保险等在内的所有开销。联合国总部的实习计划同样也与联合国的正式招聘没有直接关联，实习生不能通过实习项目留任并正式入职联合国，且在6个月内没有资格应聘或被提名为联合国除顾问以外的任何职位。这样设计是出于"招聘"公平性的考虑，但是并不会成为进入联合国工作的障碍。相反，6个月后，有过实习经验的申请人将会获得更多的机会。因此，在很大程度上，一份联合国的实习工作对于正式进入联合国工作是十分必要的。

联合国总部的实习岗位会定期在官方网站（http://careers.un.org）上更新，求职者可以定期到网站上查询最新的岗位通知。进入 UN Careers 网站后，在屏幕下方的 Search Job Opening 对话框的 Category（岗位类型）选项中选择 Internship（实习），其他项目可直接选择 All（全部），然后单击 Search（搜索）进入实习招聘公告列表。根据列表所提示的 Job Network（工作网络）、Job Family（工作人员分类）、Department/Office（所在部门）、Duty Station（工作地点）、Deadline（截止日期），求职者可以依据个人志愿选择相关岗位并进行深入了解。

联合国的工作描述（Job Description）有一定范式，信息非常详尽，包括工作岗位的基本信息、工作内容、能力素质要求、申请材料、申请方法、注意事项等。下面举例供大家参考。

Job Opening

Posting Title： INTERN - HUMAN RIGHTS，I

Job Code Title： INTERN - HUMAN RIGHTS

Department/Office： Office of the High Commissioner for Human Rights

Duty Station： PHNOM-PENH

Posting Period： 08 February 2017—06 February 2018

Job Opening Number： 17-Human Rights Affairs-OHCHR-72831-R-Phnom-Penh（O）

Staffing Exercise： N/A

United Nations Core Values： Integrity，Professionalism，Respect for Diversity

Special Notice

Completed online application (Cover Note and Personal History Profile) is required.

Incomplete applications will not be reviewed.

The cover note must include:

-Title of degree you are currently pursuing.

-Graduation Date (When will you be/have graduating/graduated from the programme?)

-IT skills and programmes that you are proficient in.

-Top three areas of interest.

-Explain why you are the best candidate for this specific internship.

-Explain your interest in the United Nations Internship Programme.

In your Personal History Profile, be sure to include all past work experience, IT skills and three references.

The Office of the High Commissioner on Human Rights internship is for a period of two to six months depending on the needs of the Section.

The internship is unpaid and full-time. Interns are not staff members of the Organization and do not represent it in any capacity.

Interns work five days per week (35 hours).

This internship is located in the Office of the High Commissioner for Human Rights in Cambodia, in Phnom Penh.

Responsibilities

The Office of the High Commissioner for Human Rights in Cambodia comprises four thematic units: Rule of Law, Civil Society, Economic and Social Rights, Prison Reform. Details on the specific tasks of each unit are available on OHCHR Cambodia's website: http://cambodia.ohchr.org. Each applicant is required to specify in which thematic unit he/she would like to intern.

Under the supervision of the Head of Unit, the interns' duties include, but are not limited to:

-Assistance in drafting and preparing official documents

-Attending and summarizing conferences and meetings

-Document, thematic, legal and internet research

-Assistance during conferences and workshops

-Working on presentations

-Evaluation of projects

-Compiling of data and statistics

-Media analysis

-Speech-writing

Competencies

COMMUNICATION. Speaks and writes clearly and effectively; listens to others, correctly interprets messages from others and responds appropriately; asks questions to clarify, and exhibits interest in having two-way communication; tailors language, tone, style and format to match audience; demonstrates openness in sharing information and keeping people informed. TEAMWORK. Works collaboratively with colleagues to achieve organizational goals; solicits input by genuinely valuing others' ideas and expertise; is willing to learn from others; places team agenda before personal agenda; supports and acts in accordance with final group decision, even when such decisions may not entirely reflect own position; shares credit for team accomplishments and accepts joint responsibility for team shortcomings. CLIENT ORIENTATION. Considers all those to whom services are provided to be "clients" and seeks to see things from clients' point of view; establishes and maintains productive partnerships with clients by gaining their trust and respect; identifies clients' needs and matches them to appropriate solutions; monitors on-going developments inside and outside the clients' environment to keep informed and anticipate problems; keeps clients informed of progress or setbacks in projects; meets timeline for delivery of products or services to client.

Education

To qualify for the United Nations Internship Programme, the following conditions must be met:

- Applicants to the United Nations internship programme must at the time of application meet one of the following requirements: (a) Be enrolled in a graduate school programme (second university degree or equivalent, or higher); (b) Be enrolled in the final academic year of a first university degree programme (minimum Bachelor's level or equivalent); (c) Have graduated with a university degree, as defined above, and, if selected, must commence the internship within a one-year period of graduation;

-Be computer-literate in standard software applications;

-Have a demonstrated keen interest in the work of the United Nations and have a personal commitment to the ideas of the Charter;

-Have a demonstrated ability to successfully interact with individuals of different cultural backgrounds and beliefs, which include willingness to try and understand and be tolerant of differing opinions and views.

Work Experience

No professional work experience is required for participation in the Internship Programme.

Languages

English and French are the working languages of the United Nations Secretariat. Fluency in spoken and written English is required for the internship. Knowledge of an additional UN language is an asset.

United Nations Considerations

According to article 101, paragraph 3, of the Charter of the United Nations, the paramount consideration in the employment of the staff is the necessity of securing the highest standards of efficiency, competence, and integrity, including but not limited to, respect for international human rights and humanitarian law. Candidates may be subject to screening against these standards, including but not limited to, whether they have committed or are alleged to have committed criminal offences or violations of international human rights law and international humanitarian law.

Due regard will be paid to the importance of recruiting the staff on as wide a geographical basis as possible. The United Nations places no restrictions on the eligibility of men and women to participate in any capacity and under conditions of equality in its principal and subsidiary organs. The United Nations Secretariat is a non-smoking environment.

Applicants are urged to follow carefully all instructions available in the online recruitment platform, inspira. For more detailed guidance, applicants may refer to the At-a-Glance on "The Application Process" and the Instructional Manual for the Applicants, which can be accessed by clicking on "Manuals" hyper-link on the upper right side of the inspira account-holder homepage.

The screening and evaluation of applicants will be conducted on the basis of the information submitted in the application according to the evaluation criteria of the job opening and the applicable internal legislations of the United Nations including the Charter of the United Nations, resolutions of the General Assembly, the Staff Regulations and Rules, administrative issuances and guidelines. Applicants must provide complete and accurate information pertaining to their personal profile and qualifications, including but not limited to, their education, work experience, and language skills, according to the instructions provided on inspira. Applicants will be disqualified from consideration if they do not demonstrate in their application that they meet the evaluation criteria of the job opening and the applicable internal legislations of the United Nations. Applicants are solely responsible for providing complete and accurate information at the time of application; no amendment, addition, deletion, revision or modification shall be made to applications that have been submitted. Candidates under serious consideration for selection will be subject to a reference-checking process to verify the information provided in the application.

Job openings advertised on the Careers Portal will be removed at midnight (New York time) on the deadline date.

THE UNITED NATIONS DOES NOT CHARGE A FEE AT ANY STAGE OF THE RECRUITMENT PROCESS (APPLICATION, INTERVIEW MEETING, PROCESSING, OR TRAINING). THE UNITED NATIONS DOES NOT CONCERN ITSELF WITH INFORMATION ON APPLICANTS' BANK ACCOUNTS.

【求职案例】

求职者基本信息介绍

王××,女,1991年生人

2013年本科毕业,2015年硕士毕业

美国亚利桑那大学政治学学士学位,英国埃塞克斯大学国际关系硕士

无工作经验;无国际组织实习经验

求职职位

联合国秘书处 实习生 Internship

求职经验

-根据职位描述,有针对性地准备个人简历

在收到理想的实习 Offer 前,我陆续接收到了几封拒信,自信心受到了打击。但是为了坚持梦想,我回顾并整理曾经申请的所有职位,仔细查看职位描述,我发现自己的经验及能力积累是符合岗位描述的。因此,我继续修改简历,用简历把自己的经验和能力表达出来。我求助了学校的就业中心,修改语法错误。后来,我开始陆续收到了面试通知。与此同时,我也坚持投递自己感兴趣的、符合自身条件的岗位。

-实习岗位申请要耐心,要始终保持信心

申请实习岗位可能和工作岗位上用人单位的处理流程并不一样。就个人经验而言,申请实习的等待时间会更加漫长,因此不要担心,尤其是应聘者简历投递之后1~2个月没有回复,也属正常。工作岗位的招募一般是急需用人,因此处理流程相对要快很多。根据经验,实习生岗位的处理时间基本上会在2~6个月之间。因此,从投递开始,就要有计划性。

另外,根据我面试他人的经验,面试者一定要始终保持信心,因为筛选实习生通常存在一定的比率问题。例如,我所在的部门发布了一个岗位需求,这个岗位一共收到两百份的简历。因此,录取比例就是1:200。应聘者的落选并不是不够优秀,而是我们可能在前一百份简历中已经找到了匹配的人选。我相信应聘者都是非常优秀的,有时候只是比率的问题。所以很多时候要自我鼓励。

-面试经验

接到联合国秘书处的实习 Offer 后,我去询问我的面试官也是我的 Supervisor 最欣赏我的哪些特点。他们介绍说,我在学校时参加学生会副主席竞选的经验与他们正在做的政策推广活动十分符合。这是一个巧合。但是我认为在校生在准备求职时,不要只怀抱功利心,而是要真心地想往这个方向发展。求职者发自内心的动力,会给面试官不一样的感受。另外,要在心理上自我认可。我认为这是非常重要的准备工作。面试者认为自己足够优秀,这样的自信会由内而外散发出一种魅力,吸引面试官的注意力。

【TIPS:SAR 面试法则】

情境:介绍故事的背景。事件发生的情境是怎样的?其中有哪些问题和需求,你又

是在什么状态下解决的?

行动:描述你做了什么。采取了哪些行动,用了哪些个人能力,如何与团队协作,在团队中的定位如何。

结果:量化结果。关注通过你的改变、你的付出、你的行动,你获得了什么样的结果。即使是失败的,因为不一定所有都成功。

在面试之前,一定要仔细阅读应聘岗位的职责。面试时,要紧紧围绕岗位的职责和工作内容进行回答。获得面试机会便意味着你的简历获得了面试官的认可。因此,在面试时,一定将自己简历上的经历和岗位的职责匹配起来。

2. 联合国其他机构的实习机会

前面我们详细了解了联合国纽约总部实习计划,大部分联合国办事处和国际组织也遵循联合国纽约总部的规定。因此,其实习运作和资格条件等内容基本与联合国纽约总部相同。

但是,像联合国内罗毕办事处等机构对于其部分工作环境落后或职业危险的实习就会严格要求部分资格条件。也有一些机构会对一些实习放开部分要求,如联合国裁军研究所、联合国国际电子计算中心、联合国粮食及农业组织、国际农业发展基金、联合国内罗毕办事处、联合国环境规划署、联合国人类住区规划署、联合国生物多样性公约办事处、保护野生动物迁徙物种公约办事处、国际海洋法法庭、国际原子能机构、联合国气候变化框架公约办事处、国际电信联盟、联合国难民事务高级专员办事处、联合国训练研究所等机构,其实习计划不仅面向硕士及以上学历,同时面向在校大学生。

有些机构的实习岗位也会提供一定的报酬。国际货币基金组织在聘用30岁以下在读博士生为实习生时,提供与一般职员类似的待遇。而且,国际货币基金组织在选拔初次申请人员的经济学家项目(Economist Programme,EP)时,有一部分会优待实习生出身的人员。此外,世界银行、国际劳工组织、国际原子能机构、世界粮食计划署、国际农业发展基金等机构会为实习生提供500~1500美元报酬。

那么,如何了解并进入除联合国秘书处总部之外的联合国机构与国际组织呢?下面归纳了4个通用步骤,希望对求职者有所帮助。

(1)确定希望进入的机构

在申请之前,申请者首先需要确定自己所希望从事的领域和机构,然后综合考虑自身的实际能力、机构的工作性质、稳定性和职业发展可能性、自己对机构的热爱程度等因素,确定几个申请目标。不宜只申请一个机构,尤其对于第一次申请联合国实习的同学而言,只有抓住各种机会,才有可能收获更多。

(2)获取信息

一般来说,我们获取求职信息的途径有两种。一是通过网络进行信息检索。二是通过社交网络获得岗位信息或内推机会。这与其他行业的求职方法存在共通之处。因此,建议国际组织求职者将一些重要的网络资源加入自己的收藏夹并时时更新最新动态。这些重要的网络资源包括:心仪的国际组织的官方网站、联合国职业门户网站(https://careers.un.org)、中国国际组织人才信息服务平台(http://www.mohrss.gov.cn)、各大高校的就业信息网站,以及相关组织或渠道的微信公众号或微博账号,以便最快最便捷地获取实习生招聘信息。

针对第二种途径,则要注重积累与国际组织求职相关的社交网络资源。例如,选择一门相关课程并与授课教师、高年级师兄师姐、志同道合的求职同学结为有效的求职社交网络;参加一个国际组织相关的社团,在增加社会实践的同时,获取校内外社团所带来的求职信息。建立有效的求职网络能够让我们更大概率地获得一些高质量的联合国机构实习机会。更重要的是,这些社交网络甚至可以给予你宝贵的内部推荐机会,顺利通过简历关,直接进入笔试、面试等环节。

(3)提交资料

若看到了某个实习招聘公告,符合要求的在校生或毕业不超过一年的毕业生即可按照公告提示,着手提交申请资料。申请资料一般包括申请表(Application)、个人简历(Curriculum Vitae,CV)和求职信(Cover Letter)等。提交的资料必须符合机构要求。在规范的招聘系统下,提供额外的资料也并无太大帮助。有时,即便没有看到明确的实习招聘公告,而只是捕捉到可能的招聘迹象,有意者也不妨尝试通过邮件咨询该机构"是否需要实习生",并附上自己的个人简历和求职信以及其他相关资料。

在这里有几个建议事项,希望求职者能够予以注意,相信这些细节将会帮助你更加有效地求职。第一,注意申请的规范。如果申请系统有规范的申请表,请一定根据规范进行书写,以免增加管理人员的工作量。第二,做好细节。写求职信(Cover Letter)时最好努力找到对应的人力资源管理人员的姓名,以吸引阅读者的注意,增加成功的概率。第三,英文的缩写不要乱用,努力找到相应的官方表达,以免造成混淆。第四,邮件内容最好简洁有力,避免语句重复或者过度客套。

(4)接受考核

在筛掉一些不符合要求的申请者之后,联合国机构将组织面试、笔试。表现优异者即可获得在联合国实习的宝贵机会。

3. 联合国驻华办事处实习机会

联合国总部的实习机会较少,实习生自行承担费用较高。对于中国在校生而言,通常需要以请假或者休学的方式才能满足2个月的实习期。相对而言,实习生第一份国际组织实习经历,选择联合国的驻华办事处是一个更为实际的选择。近些年来,许多重要的国际组织都在中国设立了办事处以发展中国业务。联合国的各大机构的驻华办事处在近些年的发展中已经完善成熟。为了帮助更多在校生深入体验联合国,联合国各大机构的驻华办事处纷纷推出自己的实习项目,以期延揽更多优秀的中国在校生进入联合国工作。如果不能前往纽约的联合国总部,可以把握住这一机会,积极申请联合国驻华办事处的实习机会。具体步骤参考前文"联合国其他机构的实习机会"。

二、联合国志愿者制度

1. 联合国志愿者(United Nation Volunteers,UNV)制度概览

志愿者精神是人们迎接发展挑战、改变发展的步伐和本质的有力手段。通过增强信任、团结和公民互惠,创造参与的机会,它得以惠及个人与社会。联合国志愿者组织是

联合国以志愿者精神为基础建立的为和平与发展事业做贡献的世界性志愿者组织,总部位于德国波恩,隶属于联合国开发计划署,现在活跃于全世界150多个国家和地区,致力于维护世界和平并促进地区发展。联合国志愿者组织将志愿者派遣到发展中国家或纷争地区6个月到2年,进行技术援助及人道主义紧急救助。它呼吁对志愿精神的认可,与合作伙伴共同努力,将志愿者精神融入发展规划中,并在世界范围内动员越来越多的志愿者,包括有经验的志愿者。

联合国志愿者制度下的志愿者不同于一般意义上的志愿者,它是一份具有一定工作时限的全职工作而非兼职工作,应聘者需能够连续服务1年以上;并且可以获得可观的薪金,包括住宿费用在内,每个月大致有2000~3000美元。另外,还有危险补贴、机票补贴、任职补贴、离职补贴及免税特权,如果派遣地提供住宿,则不支付住宿补贴。虽然在任期结束后联合国志愿者并不能直接转正成为联合国正式职员,但是可以为日后成为国际公务员积累宝贵经验,这是一段难得的经历。联合国志愿者不是联合国的正式员工,与正式员工的任职条件不同,但工作内容与正式员工基本相同,也秉持世界和平与开发支援的共同理念。这对深入了解国际公务员的工作很有帮助,有助于考察自己是否适合成为国际公务员,同时,又能积累工作经验、锻炼工作能力,一举两得。实际上,在联合国大展拳脚需要的不仅是专业知识,更需要从底层摸爬滚打一步步积累起的经验。因此,志愿者组织是进入联合国的良好起点。

通常来说,年满25周岁并且拥有2年以上的工作经验的应聘者就可以根据具体招聘条件报名。虽然没有语言考试,但是面试过程还是需要使用外语,所以具有基本的沟通能力就可以。有些派遣国家也会有法语、西班牙语等语言要求。志愿者业务大致分为技术支援和救助支援。技术支援主要是指在1000多个技术领域长期提供技术支援;救助支援是指在灾害或内战地区进行人道主义救助支援,例如,提供粮食支援、运营难民营或成为选举监督员等。

按照业务类别,联合国志愿者可分为联合国国际志愿者、联合国本国志愿者、联合国青年大学生志愿者、联合国在线志愿者等。

(1) 联合国国际志愿者

国际志愿者是指那些在除本国之外的国家提供志愿服务的志愿者。他们为发展规划提供专业的意见,并越来越多地在维和、人道主义援助及受联合国支持的选举领域发挥作用。

联合国志愿者组织建立了具备相关领域经历人才的人才库,并覆盖了一百多个专业领域,包括规划/项目发展、行政、传播、社区发展、复员及安置、灾害防治、人道主义及民政事务、工程、环境、艾滋病、医疗卫生、人权、后勤及选举支持等。

福利待遇:
- 在任期开始时,按照工作时间长度支付安家费用;
- 按月发放志愿者生活补助(VLA);
- 若工作地点与长住地点不一致,则支付其到任和离任的交通费用;
- 人身、医疗和意外伤残保险;
- 年假;

- 在任期结束后,按照任期长短支付离职后的安家费用。

岗位要求:
- 大学本科学位或者高等技校学历;
- 多年相关工作经验;
- 25 岁以上(无最大年龄限制);
- 精通至少一种联合国工作语言,即英语、法语或西班牙语;
- 对志愿者精神的强烈认同;
- 能够在多文化环境下工作;
- 能适应恶劣的生存环境;
- 良好的人际和组织能力;
- 有发展中国家的志愿或工作经历者优先。

(2) 联合国本国志愿者

他们为联合国及其中国政府机构合作伙伴在中国的发展规划提供专业的意见。联合国志愿者组织从有本国相关领域工作经验的申请者中进行选拔。主要的工作领域包括规划/项目发展、行政、传播、社区发展、教育、环保、灾害防治、公共卫生、艾滋病及减贫等。

福利待遇:
- 任期开始时,按照工作时间长度,支付安家费用;
- 按月发放志愿者生活补助(VLA);
- 若工作地点与长住地点不一致,则支付其到任和离任的交通费用;
- 人身、医疗和意外伤残保险;
- 年假;
- 在任期结束后,按照任期长短支付离职后的安家费用。

岗位要求:
- 相关专业大学本科学位或者高等技校学历;
- 两年相关工作经验;
- 22 岁以上(无最大年龄限制);
- 精通英语和普通话;
- 对志愿者精神的强烈认同;
- 能够在多文化环境下工作;
- 能适应恶劣的生存环境;
- 良好的人际和组织能力;
- 有发展中国家的志愿或工作经历者优先。

(3) 联合国青年大学生志愿者

联合国青年大学生志愿者计划是一项旨在促进大学生参与志愿服务、为世界和平和发展做出贡献,提高青年对国际发展事务的参与度以及充分激发自身社会、经济、人文潜力的新计划。联合国青年大学生志愿者为联合国事务做出积极的贡献,在粮食安全、维和、女性权利、气候变化以及其他国际问题领域支持联合国总部和区域办公室的工作。

联合国青年大学生志愿者由联合国机构任用,将被委派至联合国项目所在国家或总部。不同联合国机构根据所在国的联合国发展援助框架和联合国志愿人员组织2014—2017年战略框架确定具体职位内容。联合国青年大学生志愿者年龄应在18~29岁之间。本科生志愿者任期为6个月,研究生志愿者为12个月。在每个国家有一所大学作为主要合作伙伴,在其学院以及其他大学中招募大学生志愿者,并为他们提供行前培训。联合国青年大学生志愿者参与项目支持、知识管理、宣传交流及其他相关活动,在联合国环境下掌握工作技能。

(4) 联合国在线志愿者

联合国志愿者组织的在线志愿者服务通过互联网将开发组织和志愿者联系起来,并为他们的在线合作提供支持。它为开发组织提供了一个涵盖更加丰富的知识和资源的人才库,从而强化开发组织的能力。此外,它还为全世界的志愿者提供了更多为发展和实现千年发展目标服务的机会。

在线志愿者服务帮助超过1000个非营利发展组织(包括公民社会组织、政府机构、学术机构和联合国机构)获得来自182个国家的1.2万位志愿者的帮助(60%为女性,40%来自发展中国家)。他们提供专业知识,例如为废弃物处理(图2.6)、合同撰写等提供建议;支持项目和资源管理,例如项目规划,志愿者管理;为知识内容管理做贡献,例如新闻信制作及翻译,管理在线讨论组。值得注意的是,联合国在线志愿者接收25岁以下的应聘者,但对工作经验仍然有一定要求。

目前,联合国开发计划署正在与约10个在线志愿者合作,为其在中国开发项目提供支持。

图 2.6 联合国志愿者在工作[①]

几内亚安葬队的志愿者们身穿个人全身防护装备,以七人为一组,运送完一名死于埃博拉病毒的40岁妇女的遗体后,正对自己进行全身消毒。2015年1月17日,科纳克里,几内亚

[①] 图片来源:联合国官方网站 http://www.unmultimedia.org/photo/detail.jsp?id=619/619791&key=31&query=volunteer&lang=en&sf=date。(最后访问时间:2018年4月26日)

2. 联合国志愿者制度应聘方法

联合国志愿者的应聘方法相对简便。联合国志愿者组织不提供可申请的志愿者职位清单,多数的联合国志愿者职位都是根据申请的候选人资料而定的。因此,要想成为一名志愿者就必须在互联网申请页面中申请成为志愿者。互联网上的申请分为两步。

第一步:首先完成简单的问卷调查,提交问卷调查之后会根据申请人填写的邮件地址传送认证邮件,收到邮件后单击 confirmation required 链接进行认证。

第二步:如果申请条件符合联合国志愿者组织的要求且邮件认证成功后,会分配给申请人一个账号信息,登录后可填写个人资料,包括技术、教育履历等详细信息。

提交:填写所有必填信息之后,单击 submit 按钮把资料添加到联合国志愿者候选人名单中,之后,申请序列号的程序会给您发邮件。根据填写的内容多少及网络状况,大致需要 30~60 分钟。请注意不能用电子邮件或是信件的形式申请报名。

审核通过后,应聘者即被录入到志愿者人才库中。根据联合国或非政府机构及派遣国等要求,筛选出两倍于所需人数的候选人名单,交由联合国进行面试及体检,最终选出的志愿者将被派遣到需要帮助的国家和地区。此过程共需要 1~2 个月。根据工作内容,可以胜任工作的残障人士也可以参加志愿工作。申请时可以注明较适合本人的国家或地区,但最终将根据志愿者具备的技术能力及具体任务需求决定派遣地或是岗位。

有很多年轻人希望能就职联合国,为"世界和平安全"贡献一臂之力,但是进入联合国门槛高、应聘者多、竞争激烈,一开始就成为国际公务员实属不易。利用具体技术及实践经验进入联合国也是一个不错的方法。以志愿者方式进入联合国就是很好的一种选择。因为,只要能进入联合国任职,就有机会成为正式职员,签署终身工作合约。联合国对于志愿者出身的应聘者给予内部推荐机会,因此转正机会很大。

拓展:其他志愿人员组织

如果想要成为国际志愿者,除联合国之外,还有很多其他国际机构可供选择。下面列举部分大型国际志愿者组织,通过网络关键字搜索可以进入机构主页,了解更多的相关信息。

- 乐施会:跨越种族、性别、宗教和政治界限,与政府部门、社会各界及贫穷人群合作,一起努力解决贫穷问题,并使贫穷人群得到尊重和关怀的组织。这一组织的具体求职方法将在本书第三章进行介绍。
- 孟加拉乡村发展委员会:寻求消除贫困和剥削的解决方案。
- 国际特赦组织:监察世界范围内的违反人权事件。
- 绿色和平组织:保护地球、环境及其各种生物的安全及持续性发展,并以行动做出积极的改变。
- 无国界医生:不受种族、宗教及政治等因素所影响,帮助世界各地需要医疗援助的人。
- 国际世界宣明会:推进长期持续性的社区发展项目,诸如清洁水质、教育、医疗、农业发展和公众卫生等方面。同时,也提供短期性的紧急援助,诸如为自然或人为灾难的受害者提供食物、避难所及医疗服务。

三、联合国初级业务官员方案

1. 联合国初级业务官员方案概览

联合国初级业务官员（Junior Professional Officer，JPO）向国际组织派遣的短期工作人员，源起于由联合国开发计划署首次发起的人才培养计划，该计划旨在"向全球青年提供在开发领域锻炼的机会"，此后为联合国以及大部分国际组织沿用。不同机构对JPO派遣制度有不同称呼，如助理专家（Associate Expert，AE）、助理专业官员（Associate Professional Officer，APO）等。

目前，参与JPO派遣制度的机构包括：联合国开发计划署、亚洲开发银行、联合国经济和社会事务部、联合国粮食及农业组织、国际原子能机构、国际农业发展基金、国际劳工组织、国际货币基金组织、联合国教科文组织、联合国人口基金、联合国难民事务高级专员办事处、联合国儿童基金会、联合国工业发展组织、世界卫生组织、世界银行、世界粮食计划署等。

中国政府遴选和派遣有意愿到国际组织工作的青年人才到国际组织任职1～2年，并承担相应经费。通过加强本国青年人才对国际组织实际工作的参与，能够让国际组织管理人员对本国青年人才的能力有更为直观的了解。同时，这一方案也为青年人才提供在国际组织中建立人脉网络的机会，可以成为青年人才个人履历中重要的一笔，以及能够提前了解国际组织的招聘等内部信息。总而言之，对于日后成为正式的国际公务员而言，JPO派遣制度具有众多优势。

JPO业务由国际组织参照正式国际职员管理，属于"国际公务员"，《联合国特权和豁免公约》同样适用于JPO派遣制度。因此，JPO享受联合国正式职员同等待遇的同时，也承担相应的责任。而JPO的特殊之处在于，JPO属于为期1～2年的短期派遣，其薪酬由捐助国［联合国专门机构的初级业务官员方案均基于捐助国协议，只有特定国籍的人士方能参加；在极其例外的情况下，捐助国（目前仅为荷兰）可能会赞助少数发展中国家的国民承担费用］而非相应的国际组织承担。

联合国对于JPO应聘者的基本要求：
- 具有专业领域的知识背景；
- 具有2年左右的相关工作经验；
- 精通英语或法语，同时掌握其他联合国官方语言者优先；
- 关注发展中国家的发展，能够适应国际工作环境，以及具备良好的人际沟通能力；
- 具有做领袖的综合素质。

中国对JPO申请人的基本要求[①]：
- 拥有中国国籍；
- 35周岁以下；
- 本科毕业生有4年工作经验，硕士毕业生有2年工作经验；

---

① 根据中国国家留学基金管理委员会于2016年8月发布的《2016年赴联合国难民署青年专业人员选派办法》整理，全文请参加附录。

-能够熟练使用英语或法语;
-热爱祖国,品德优秀,身体健康,意志坚定;
-有事业心、责任感、献身精神;
-具有较强的综合素质、国际视野和多元文化意识,熟悉国际合作规范。

其他参考条件:
-精通除英语外的其他联合国官方语言(法语、汉语、俄语、阿拉伯语、西班牙语);
-持有某专业领域资格证;
-有在国际组织工作的经历。

以上要求根据中国国家留学基金管理委员会于 2016 年 8 月发布的《2016 年赴联合国难民署青年专业人员选派办法》整理,全文参见附录三。

2. 联合国初级业务官员应聘方法

JPO 为国家派遣项目,其具体申请方法应参照不同招聘项目进行网上申请。仍然以上述联合国难民署青年专业人员选派为例。

(1) 网上报名

第一步,申请人登录留学基金管理委员会网上报名系统(http://apply.csc.edu.cn)进行网上报名,"申请类别"请选择——访学类。相关填写内容如下。

① 基本情况——请申请人如实填写相关信息。

② 外语水平——请根据本人掌握的所有语种进行选择。在是否达到外语合格条件项选择"是"。

a. 外语专业:外语专业本科(含双学位)以上毕业,需提交相应学历学位证明及外语专业考试证书(如英语专业八级、俄语专业八级等)。

b. 曾在国外学习工作:近十年内曾在同一语种国家留学一学年(8~12 个月)或连续工作一年(含)以上,需提交驻外使(领)馆开具的"留学人员回国证明"(正在外留学人员无需提交)。

c. 参加雅思(学术类)、托福等外语水平考试:达到合格标准(雅思 6.5 分以上,托福 95 分以上),需提交合格的成绩单。

③ 教育工作经历——请按照每一项提示要求进行填写。

a. 国内接受高等教育或进修经历:从本科阶段起。

b. 境外学习/工作经历:如曾在国外交流或学习/实习,均可在此栏填写。

c. 国内工作经历:除国内工作/实习外,在读期间的校内工作、社会实践等均可在此栏填写。

④ 主要学术成果——请按"最重要-重要-一般"及"时间近远"依次填写,至多 4 项。

⑤ 主要学术成果摘要介绍——请填写两部分内容。

a. 学术成果:如有,请列举学术成果清单及摘要。

b. 实践及工作经历:包括时间、工作单位、职务、工作内容、主要成绩、单位负责人联系方式。

注意:对申请人填写的内容将会进行核实,请确保所填写内容真实有效。

⑥ 研修计划——应包括以下内容。

a. 个人意向：从联合国难民署岗位需求中选择1~2个意向岗位并陈述理由，以及与目前从事工作的相关性。

b. 是否服从岗位及国别调剂。

c. 对联合国难民署及个人意向岗位的基本认识。

d. 职业理想、工作期间的个人计划及其他。

⑦ 国外邀请人（合作者）——此栏不填写。

⑧ 申请留学情况——请按顺序填写以下内容。

a. 申请留学身份：选择"访问学者"。

b. 申报国家/地区：请根据意向岗位的国别在下拉列表中选择。

c. 申报项目名称：国外合作项目。

d. 可利用合作渠道项目：国际组织实习项目。

e. 计划留学单位：请根据联合国难民署总部及地区办事处名称选择相应的工作单位。

f. 受理机构名称：请根据自身实际情况选择相应的受理机构。

g. 留学专业名称：请填写现从事学科专业。

h. 具体研究方向：请填写意向岗位部门及名称。

i. 重点资助学科专业代码及名称：可选择列表最底端的"不在所列学科中"（此项不作为评审依据）。

j. 申请留学期限：12~24个月。

k. 申请资助期限：请与"申请留学期限"一致。

l. 是否享受过国家留学基金资助：如果曾享受过，请填写具体时间。

（2）上传申报材料

完成申请表填写、保存后，即可单击左侧"上传申报材料"，申报材料分为"必传""非必传"两类，申请人须按要求将"必传"材料全部上传后，方可提交申请表。"非必传"材料可根据自身实际情况进行上传。

注意：所上传的材料须为PDF格式，文件大小不超过3MB。如材料为多页，必须合并成为一个PDF格式文件上传；否则，后面上传的文件将覆盖先上传的文件。

（3）完成网上报名

申请表所有项目填写完毕并完成"必传"材料上传后，单击左侧"提交申请表"。成功提交后，系统会根据填写内容自动生成《访学类申请表》和《出国留学申请单位推荐意见表》。将两份材料打印出来，由单位主管部门填写推荐意见并加盖单位公章，会同其他材料，按顺序装订整齐交至所属受理机构。海外申请人请将打印申请表及纸质材料提交至所在地区使（领）馆教育处（组），由其出具推荐意见报送国家留学基金委。

尤其需要注意的是，申请需要提交的材料众多，而准备时间相对较紧（上述公告发布于2016年8月9日，网上报名受理开始于2016年9月1日，截止于2016年9月10日，即仅有1个月时间准备材料），所以可以提前准备好部分材料，避免过于匆忙，错失良机。

四、以顾问身份入职联合国

在通常意义上,顾问是一项为公司政策制定提供建议的工作;但在联合国,顾问通常是指"具备特殊专业,并被短期雇佣的人"。因此,合同方式并不严格,以至于联合国及其专门机构在驻地办事处的主任可以根据自身的裁量权雇用顾问工作人员。

被聘用为顾问之后,只要有相关工作需求,会续签合同,而且学历和资历高的人报酬也比较高。顾问不适用"实习结束之后,6个月内不得应聘联合国职位"的规定,所以很多人都会在实习期间寻找机会。实习结束之后,如果工作还要继续进行,将实习生转为顾问的可能性比较高。关于顾问的空缺岗位公告要随时查看该国际机构的网站。该职位强调"专业性",就职于国际组织时,如果本人的专业性被认可,而且与周围同事之间也构建了信赖关系,以及有组织的支持时,将会被推荐为候选人。

在联合国,大部分顾问会从事辅助项目经理的工作,不过有一些顾问还会从事正规工作人员(Professional Staff)所做的工作,如管理项目以及与现场工作人员进行联络等。但由于顾问不是正规职员,所以通常每6个月要续签合同,偶尔也有为了续签出现多等几个月的情况。

如此来说,尽管最初待遇或其他方面都不甚令人满意,但是以顾问身份进入联合国工作是一份有未来发展前景的工作。大部分顾问工作者都抱有转正的信念,因而努力工作。从整个联合国系统来看,顾问对于政策制定所发挥的作用并不小。如同 UNV 和 JPO,应聘者希望通过顾问方式进入联合国也需要一定的工作经验,尤其是较强的专业能力。

五、联合国青年专业人员方案

1. 联合国青年专业人员方案概览

联合国的青年专业人员方案(Young Professional Programme,YPP)旨在为联合国注入更多的新鲜血液,招纳更多的青年人才。该项目由2012年联合国国家竞争考试(National Competitive Recruitment Examinations,NCRE)改革而来,是联合国招聘工作人员的主要方式之一。该项目的招聘过程由 YPP 考试与实习考核两个部分组成,一旦通过,候选人就可以成功正式入职联合国。

联合国秘书处每年都会根据各会员国占地域分配的理想员额幅度情况,邀请无代表性、代表性不足以及即将变为代表性不足的会员国参加 YPP 考试。考试专业视联合国每年的职员需要而定,具体考试专业的职责要求、学历要求、能力要求也不尽相同。会员国同意参加后,其符合申请要求的国民即可通过联合国网站报名参加本年考试。申请条件包括:必须拥有任何一个参与国的国籍,至少持有和申请考试专业相关的第一学位(a First-level University Degree),年龄不得大于32岁,熟练掌握英语或者法语。该项目同样欢迎联合国内部工作人员的参与,若有志于从事更高级、更专业的工作,内部人员同样有资格报名参加这项考试。当然,此次考试对内部人员和外部人员一视同仁。

联合国将对申请参加考试的人员进行初步的网上筛选,确定最终参加考试人员名单。申请过程中相关信息的填写务必准确而又全面,避免不必要的失误。不符合国籍要求、学历要求、专业要求、年龄要求的申请者将首先被筛除;而若一国有超过40名申请者同时申请同一考试专业,那么,联合国人力资源官员将视各个申请人的条件进行打分排序,如:最高学历、联合国官方语言掌握程度和数量、相关工作经历等,最终挑选出该专业申请者中条件最好的40人参加考试。这就意味着,入围最终参加考试人员名单对中国申请者而言就是一个不小的挑战,毕竟每个专业的申请人数众多。可是,我们仍然建议所有有意入职联合国且符合条件的求职者,都尽可能去尝试申请一下,因为申请是不需要任何费用的,而且存在着很大的机会。

入围的申请者将参加由笔试和面试两个阶段测试组成的YPP考试(具体的YPP考试架构将在后面详述),通过考试选拔的人员将进入联合国Roster人才库。接下来的两年内,联合国人力资源会给人才库中的候选人发送初级业务官员(P1/P2)级别的空缺职位信息①。候选人在申请心仪职位之后,若被相应机构录用,则将在接下来的实习期内接受工作能力、业务表现等各方面的考核;若顺利通过考核,则可正式入职联合国。

需要强调的是,人才库的有效期仅为2年。一旦超过2年,而候选人尚未拥有正式职位,那么候选人将不得不遗憾"退出",或者再次尝试参加YPP考试,重新开始新一轮考核。也就是说,对通过YPP选拔考试的候选人而言,最终的目标是在2年内找到一个正式的职位。与JPO制度不同,YPP项目的候选人在实习期间的经费由录用的组织承担。②

截至目前,参与YPP方案的国际组织主要有经济合作与发展组织、世界银行、国际货币基金组织、亚洲开发银行等与金融有关的组织,以及联合国儿童基金会等联合国独立组织。联合国劳工组织、联合国教科文组织、联合国开发计划署、联合国粮食及农业组织等也有类似的项目。与此同时,不同的国际组织对YPP方案的称呼也不同,诸如助理专业官员(Associate Professional Officer,APO)、领导力发展方案(Leadership Development Programme,LEAD)、青年专业人员职业起步计划(Young Professionals Career Entrance Programme,YPCEP)、培养经济学家最精英的项目(Economist Programme,EP)等。登录感兴趣的国际组织的官方网站,即可了解该组织是否参与YPP项目,以及相关的工作内容、应聘条件等详细的内容。本书还整理了一些参加YPP项目的重要机构及其具体入职要求,可参见本章第三节。

截至目前,中国尚属代表性不足的会员国之列,因此也是联合国YPP项目的主要参加国之一。迄今为止,中华人民共和国人力资源和社会保障部分别于2013年、2014年和2016年协助联合国在华举办了3次YPP考试。其中,2013年共设行政管理、金融、新闻、法律事务和统计5个专业,共有139名考生参加;2014年共设经济事务、人权、信息技术、摄影、政治事务和广播6个专业,共有131名考生参加;2016年共设经济事务、

---

① Offers for available posts are made quarterly to successful candidates and are subject to the requirements of the Organization.

② 关于YPP项目的官方英文文本介绍,特附全文于本书附录。

信息与通信技术2个专业,共有49名考生参加。

以上,我们大致了解了YPP方案的概况。显然,要想获得入职机会,顺利通过YPP考试是前提。鉴于其重要性和复杂性,下面重点阐释YPP考试。

2. YPP考试指南①

YPP考试由笔试和面试两部分组成,两大部分的总分为1000分。笔试持续四个半小时,由两大部分构成,分别为语言试卷和专业试卷。

语言试卷(the General Paper)。考验考生的英语或法语的文本书写和分析能力,所有考生使用一套试卷。主要题型为将一篇900字左右的文本概括缩写至300字左右。具体字数则视两种语言略有不同,该部分总分为150分。

专业试卷(the Specialized Paper)。考生可用任何一种联合国官方语言作答,这一部分主要考查考生的专业知识和分析思维。报考的专业不同,该部分的试卷内容也不同。主要题型共分两种,总分合计650分。题型一是与专业相关的50道单项选择题,每题2分,答错不倒扣分。题型二是13道论述题,前3题要求考生用较长篇幅答题,最多4页;后10道题则要求回答篇幅较短,最多2页。

语言试卷由一组外部阅卷者匿名批阅,专业试卷由来自联合国专业考试委员会的专家批改。所有答案均会被两个阅卷者双重盲改。专业考试委员会通常会在每部分考试设置不同的临界分(cut-off points),也就是说,只有超过这些临界分的考生的试卷才会被进一步批阅。第一个临界分通常是单项选择题的分数(即若单项选择题分数没有达到委员会所设的"门槛",那么阅卷者将不会进一步批阅之后的卷面)。论述题同样也会设临界分,考生会被通知哪一部分是必答题。只有在必答题成绩优秀的考生,才会被批阅其他部分的答题。语言试卷的审阅工作通常被安排在最后进行,并且阅卷者只会批阅那些通过专业试卷考核的卷子。

若顺利通过笔试,则考生将参加一个以能力为基础的视频面试(a Competency-based Video-conference Interview),接受来自由专业考试委员会成员组成的面试官的考核。该部分总分为200分。

何为"以能力为基础的面试"呢?它又被称作"行为面试"(Behavioral Interviews),其基于的理念是——"了解你的过去,即可洞悉你的未来"。也就是说,每个人的历史都能够显示这个人的才华、技能、能力、知识和实际经验。由此,在此类考试中,考生可能会遇到诸如此类的问题:请说说你的表现超出管理者预期的一段经历;请举例你曾运用你的能力解决了实际问题的一段经历;请说说你是怎么应对曾被各种任务缠身的那段时间的。

以上,我们大致了解了YPP考试的基本结构和题型。

从笔试的分值分布和阅卷流程可以看到,YPP考试不仅注重考生的文本书写和分析能力,更强调考生的专业水平。这些能力并非一朝一夕就能培养而成,因此考生需要提前"练习,练习,再练习"。在此,特附部分样题于附录。

---

① 关于YPP考试架构的官方英文文本介绍,特附全文于本书附录。

六、空缺岗位的公开招聘

1. 空缺岗位的公开招聘概览

联合国及其国际组织的基本人事机制遵循"一旦出现空缺岗位,随时发布公告,进行招聘"的原则。即一旦因人员离职、人员调离、部门工作扩大、部门新建等种种原因而出现空缺岗位时,联合国及其国际组织将即刻发布空缺岗位公告,进行招聘工作。联合国将所有岗位以九大群(Network)进行大分类,然后在下面以职系(Job Families)进行管理(如表2.7所示)。

表2.7 联合国岗位群的职系

工作群	职系
经济社会开发群 (Economic and Social Development Network)	● 毒品控制和犯罪预防(Drug Control and Crime Prevention) ● 经济事务(Economic Affairs) ● 环境事务(Environmental Affairs) ● 人口事务(Population Affairs) ● 项目管理(Programme Management) ● 公共管理(Public Administration) ● 社会事务(Social Affairs) ● 数据(Statistics) ● 可持续发展(Sustainable Development)
组织管理群 (Management and Administration Network)	● 管理(Administration) ● 审计(Audit) ● 伦理(Ethics) ● 检查评估(Inspection and Evaluation) ● 调查(Investigation) ● 金融(Finance) ● 人力资源(Human Resources) ● 投资管理(Investment Management) ● 管理和分析(Management and Analysis) ● 巡视(Ombudsman) ● 采购(Procurement)
政治、和平和人道主义群 (Political, Peace and Humanitarian Network)	● 民政事务(Civil Affairs) ● 选举事务(Electoral Affairs) ● 人权事务(Human Rights Affairs) ● 人道主义事务(Humanitarian Affairs) ● 政治事务(Political Affairs) ● 法治(Rule of Law) ● 安全制度(Security Institutions)
信息和通信群 (Information and Telecommunication Network)	● 媒体技术(Media Technology) ● 通信技术(Telecommunications Technology) ● 信息管理系统和技术(Information Management Systems and Technology)

续表

工作群	职系
法务群 (Legal Network)	● 法律顾问(Jurists) ● 法律事务(Legal Affairs)
公共信息和会议组织群 (Public Information and Conference Management Network)	● 会议服务(Conference Services) ● 文件 & 信息管理(Documentation & Information Management) ● 语言(Language) ● 礼仪(Protocol) ● 公共信息(Public Information)
安全保安群 (Internal Security and Safety Network)	● 安保(Security) ● 安全(Safety)
物流、运输和供应链群 (Logistics, Transportation and Supply Chain Network)	● 工程(Engineering) ● 设备管理(Facilities Management) ● 人员安置(Human Settlements) ● 物流和供应链(Logistics and Supply Chain) ● 财产管理(Property and Asset Management) ● 运输(Transportation)
科学群 (Science Network)	● 医学(Medical) ● 自然和生命科学(Natural and Life Sciences)

以上,我们可以大致了解到,联合国职位名目繁多,各个学科背景的专业人才几乎都可以找到适合自己的岗位。每年,联合国及其国际组织以空缺岗位公开招聘方式录用1000人左右,这其实是一个不小的"招聘市场"。对于渴望成为国际公务员的求职者而言,这也是最为基本的一种入职渠道。但需要强调的是,通常来说,空缺岗位的公开招聘大多都有相当年限的工作经验要求。这就意味着,即便是高学历的求职者,若无实际工作经验,也不能应聘相关岗位。

2. 空缺岗位的公开招聘求职方法

那么,对于符合要求的求职者而言,如何应聘进而正式入职联合国呢?简单来说,这一过程涉及六大步骤。

(1)发现空缺岗位

如前所述,当由于人员离职、人员调离、部门或机构新建等原因造成一些岗位处于空缺状态时,相应部门负责人会通知并要求人事部门负责人制定空缺岗位公告。接着,该组织将在自己的官网页面和联合国职业网站的页面上统一发布包括招聘部门、工作地点、职级、工作内容、资格要求等重要信息在内的空缺岗位公告。

显然,对于求职者而言,求职的首要步骤在于获取相应空缺岗位的相关信息,即"哪个岗位有空缺,该岗位的要求和职责是什么"。这就需要求职者密切关注自己心仪的国际组织的官网、联合国职业门户网站(https://careers.un.org)及其他联合国就业信息网站,如联合国及其国际组织招聘信息网(http://www.unjoblist.org)、国际公务员制度委员会(https://jobs.unicsc.org)等。

(2) 申请岗位

在获取相关空缺岗位信息之后，求职者需确认该工作岗位、工作领域是否是自己兴趣所向，自己又是否符合相应要求（当然，求职者也可以确认一下中国是否为该国际组织的成员国、理事国。如果是的话，这在某种程度上为求职者提供了一个有利条件）。接着，符合资格要求的求职者即可在指定时间内按相关指示进行应聘。一般来说，招聘时间仅为4周左右，逾时不候，所以求职者需要在获取信息之后尽快着手申请。

(3) 资料审查

在提交求职申请之后，求职者将会接受招聘组织的两轮审查。在初步审查阶段，招聘机构的人事部门将首先筛除不符合申请规范和空缺岗位资格要求的应聘者。通过此轮资料审查的应聘者文件则会转到相应的招聘部门，由招聘部门进一步审查应聘者的申请资料，挑选出几名比较适合的候选人。这些候选人将接到后续面试通知。

通常来说，诸如P2、P3助理人员职级的职位将会有众多求职者前去应聘，所以在初步资料审查阶段就会非常严格。

(4) 面试

候选人将接受相应招聘部门负责人与人事部门负责人的面试。因此，面试事实上带有两种性质，一是评估候选人的资质，二是当事人之间协商雇用事宜。在这一过程中，偶有笔试。从面试中成功突围的候选人的名单将被呈交给由招聘部门代表、人事部门代表、职员组织代表组成的选拔委员会。

(5) 身份审查

在本国政府的协助之下，联合国将对入职候选人申请资料中的所有信息进行审查，包括学历、资历、推荐人等。

(6) 成功入职

选拔委员会将决定最终聘用人选，并由相应机构的行政首长正式批准。在收到聘用通知并赴任之后，入职者将在秘书长或其代理人面前进行承诺声明。

以上所有流程大概历时6个月。这六大步骤是联合国最常见的公开招聘步骤，但不同的联合国组织与机构可能会略有不同。其中，联合国系统以下被称为方案、基金和专门机构的多个附属组织有自己的会员、领导和预算。联合国各方案和基金通过自愿捐助而非分摊会费获得资金，如联合国贸易和发展会议、联合国难民事务高级专员办事处、联合国环境规划署等；各专门机构是独立的国际组织，并通过自愿捐助和分摊会费获得资金，如联合国教科文组织、联合国粮农组织、世界银行、国际货币基金组织等，它们的招聘规则和信息则要参见其官方网站，与前者略有不同。

第三节　联合国求职攻略

在上一节中，我们大致了解了入职联合国的六大途径。根据自身状况、能力和意愿确定入职路径后，下一步便是申请环节。其中，简历和求职信是国际组织求职申请中必不可少的材料。过了简历和求职信这一关之后，大部分机构还会组织面试。可以说，简历、求职信的撰写以及面试技巧在国际组织求职过程中都是至关重要的。本节将为大家解读国际组织求职的各个环节,分享应对攻略。以下内容不仅适用于联合国系统,也适用于一般的国际组织。

一、联合国基本求职指南

1. 简历(Curriculum Vitae,CV)

据包括联合国在内的国际组织人事负责人介绍,在内容审查之前,简历资料审查阶段就会有大约20%的人不合格,这一点表明有很多不符合公告要求的"浪费应聘"。而在应聘资料转到相应招聘部门之后,经过内容审查阶段,会有90%的人被淘汰。也就是说只有10%的人才能获得面试机会,可想而知简历有多么重要。

(1)简历的制作原则

求职者在准备简历的时候需要时刻保持积极的心态,并且尝试设身处地从国际组织招聘负责人的角度考虑问题——如果我是国际组织的HR,我会青睐怎样的人。带着这样的思考,我们才能更好地完成简历的制作,毕竟,只有约10%的申请人才能获得面试机会,所以求职者需要认真分析应聘岗位的要求,详细分析自己的过去,找出自己的优势,找到自己的定位,精确而恰当地回答问题。岗位信息中最值得关注的是"工作内容"与"要求条件"。求职者应当根据这两项内容,全面审查自己的能力与经验,清晰地将自身的经验和能力与工作内容和要求条件进行匹配。

另外,在申请实习的过程中可能会出现这样的情况:从其他方面来看,我肯定是最佳人选,但是不满足其学历要求。面对这种情况,要勇于尝试。我们可以在恰当的地方以醒目的方式说明,例如,今年9月份自己马上要进入硕士课程,或拥有一个持有硕士学位的人也很难考下的资格证,或参与过各种大型项目、具有优秀的实际工作能力等。若是能再加一个具有客观性的证明,那就是锦上添花了。但是,切记证明要以事实为基础,超出一般范围的夸张或虚构,效果将适得其反。包括联合国在内的国际组织会通过相应政府的警察或者相关部门的协助,仔细查询所有事实。因此,即便求职者以虚假方式通过了初步审查,也肯定会在事实查询中被查出真相。

(2)PHP填写指南

如果竞聘联合国秘书处的工作,则都需要登录UN Inspira进行网申,线上填写简历。这个简历是统一格式的,又叫个人档案(Personal History Profile,PHP)。PHP可以随时在网上更新,想要申请哪个岗位,就在Inspira系统用PHP申请。PHP的基本格式如下。

① Family name ,First name ,Middle name ,Maiden name, if any:根据要求书写姓名。已婚女性还需填写未婚时的姓名(Maiden name)。

② Date of birth Day/Mo./Yr.:根据要求填写生日。

③ Place of birth:填写出生的城市和国家。

④ Nationality(ies) at birth:填写出生时的国籍。

⑤ Present nationality(ies):填写当前的国籍。ies是nationality的复数形式,表示如果是多重国籍,就要全部填写清楚。但中国不承认双重国籍。

⑥ Sex：输入性别。男性用 M 表示，女性用 F 表示。

⑦ Height：填写身高。单位也要填写清楚。

⑧ Weight：填写体重。单位也要填写清楚。

⑨ Marital status：Single/Married/Separated/Widow(er)/Divorced：选择婚姻状况。

⑩ Entry into United Nation service might require assignment and travel to any area of the world in which the United Nations might have responsibilities. Are there any limitations on your ability to perform in your prospective field of work? Are there any limitations on your ability to engage in all travel?

成为联合国公务员，需要到世界任何国家工作和出差，所以询问应聘者"无法前往的地区是？"。通常回答 No，或者真有无法前往的地方和不想前往的地方时，用 Yes 表示，并说明简单的理由。

⑪ Permanent address

填写随时能联系的地址。应聘国际组织从申请到招聘需要较长时间，最好填写相对来说变动可能性小的地址，如父母居住地等。

⑫ Present address (if different)

与 Permanent address 不同时，才会填写。如果有搬家计划，也可以填写搬家日期。例如，2015 年 9 月份想要搬家，最好填写 Until September 2015。

⑬/⑭ Office Telephone No. /Office Fax. No. /E-mail

毕竟是国际长途，填写电话号码时，要考虑对方拨打电话的便捷性。即北京电话号为 010-87654321，那么最好填写＋86 10 87654321。联系电话有变动时，应通知人事部门。

⑮ Do you have any dependent children? If the answer is "yes", give the following information：

询问应聘者是否有抚养家庭。如果有，就要填写姓名、生日。这一项关系到应聘之后的抚养家庭津贴。当然，招聘之后，对方会要求证明抚养家庭，再进行核实。

⑯ Have you taken up legal permanent residence status in any country other than that of your nationality? If answer is "yes", which country?

询问应聘者除了国籍国之外，是否还有其他国家的永驻权。如果有，就要填写国名。

⑰ Have you taken any legal steps towards changing your present nationality? If answer is "yes", explain fully：

询问应聘者是否有变更国籍的计划？如果有的话，就要求说明。这种问题对中国人来说可能会略敏感又尴尬，但联合国等国际组织之所以询问这一问题，是为了考虑地理（大洲）分配以及男女分配比例，所以请如实回答。

⑱ Are any of your relatives employed by a public international organization? If answeris "yes", give the following information：

询问应聘者有没有亲戚在国际组织工作。如果有的话要求说明。从保证人事任免公正性方面出发，许多国际组织禁止在相同国际组织内有家人、亲属一同工作的情况。当然，如果是不同的组织，就不会有问题。

⑲ What is your preferred field of work?

询问应聘者想要工作的领域。基本上,要填写所应聘的领域,例如应聘行政管理 Administrative Officer 时,就要填写这一内容,还要附上空缺岗位编号,如 VA：99-A-ITR-00XA62-E-KO。

⑳ Would you accept employment for less than-six month?

询问应聘者如果有 6 个月内短期雇佣合同,是否也有应聘的意向? 虽然回答 Yes、No 对本次应聘不会有直接关系,但是这一项最好回答 Yes。一旦进入联合国,签署无固定期限合同(过去的终身合同)的机会比能够正式进入联合国的机会多得多。

㉑ Have you previously submitted an application for employment and/or undergone any tests with UN? If so when?

询问应聘者过去有没有应聘过联合国,参加过什么样的考试? 如果有,是什么时候? 这一项不会对是否招聘有直接的影响,但是最好实话实说。不然,将来在数据库出现与所陈述的事实不符时,要面对严肃的处置。在西方国家大家通常会"相信你的话,但是如果有虚假,以后再也不会相信你"。

㉒ Knowledge of Languages. What is your mother tongue?

这是关于语言能力的问题。母语填写"Chinese"即可。关于其他语言(OTHER LANGUAGES)能力,在 READ、WRITE、SPEAK、UNDERSTAND 等各个项目中选择 Easily 或 Not Easily 需要慎重。

在联合国官方语言英语、法语、俄语、汉语、西班牙语、阿拉伯语中,至少在英语方面都应选择 Easily,这几乎算得上是"最低"的应聘条件了。在欧洲和非洲等地,法语也算是一个"准必备"项。因此,在法语方面也能选择 Easily,那就是锦上添花。

另外,根据招聘岗位或者工作地,从招聘开始会对某一特定语言要求非常高的运用能力。例如,Fluency in English and French Required,要在非洲工作的行政专员就应掌握英语与法语;要在巴基斯坦难民收容所照顾阿拉伯难民,就应具备英语与阿拉伯语能力;如果涉及有提高中国少数民族生活质量,就必须掌握英语和中文。无论如何,掌握至少两门语言能提高任用可能性。

㉓ For clerical grades only/indicate speed in words per minute List any office machinesor equipment and computer programmes you can use.

这是针对普通专员而不是专业岗位应聘者提出的问题。是询问应聘者,每分钟打字速度以及所掌握的软件是什么。就算是专业岗位的应聘者,也可以填写所掌握的软件。不会有太多的益处,但是也没有坏处。

㉔ Education.

a. University or Equivalent

b. Schools or other formal training or education from age 14 (e. g. high school, technical school or apprenticeship)

关于 Degree,要求以 original language 填写。

如果正在读硕士,就需要填写获得 Master 或 Doctor 的时间。例如,Ph. D. expected in Feb. 2014 等。

㉕ List professional societies and activities in civic, public or international affairs.

关于国际组织的专业职位,如果是专家,但并不是学会会员的话,对方会觉得很奇怪。应聘者不能虚假陈述,但是也要填写实际上参与过的学会或者活动过的学会名称,这样才会有利。在网上可以找到很多"专业团队学会"。先加入,参与活动之后再看看是否符合自身情况也是一种办法。除此之外,有参加过世界性的非政府机构或者作为志愿者参与过活动,简单陈述也有一定的益处。

㉖ List any significant publications you have written(do not attach).

应聘者需要填写著作等主要出版物(不要附加作品)。如果有和所应聘岗位的专业性相关的作品,会成为自己"专业性"的有力证明。其实,在学校学习,还能出一本与学校成绩毫不相干的书籍是非常困难的事情。因此,在这种困难下还能出书,首先就会给HR留下很好的印象。记住将书名翻译成英文,如果用书名判断不出内容时,简单附上内容也好。就算没有出版,也可以写上毕业论文、学位论文、学会报告等。

㉗ Employment Record.

在招聘联合国公务员时,HR更看重过去的活动内容和资历,而不是一时的笔试。因此,评估时会直接询问过去的资历,需要慎重填写。另外,学历与资历需要一致,如果不一致,就需要附加说明。如果时间上有空白,最好提供一些素材,写上"进行××相关研究"或者"从事××调查活动"等。需要注意的是,最好填写与招聘信息中列出的工作内容相关的资历。而且,在填写过去资历时,需要用合理的逻辑介绍随着年龄的增长、资历的增加,进一步提高了自身的级别,提高了工作水平,属下职员多了,职务范围变得更广,责任也变得更重。

a. Salaries per Annum

为了便于权衡,应聘者需要用美元换算工作第一年和应聘前最后一年的年薪。总额(Gross)与交完税等扣除各种费用之后的总额(Net)只需填写大概的数字。在联合国等国际组织和发达国家,大部分时候责任与工资成正比。社会上普遍认为"优秀的人=高收入者",因此在过去公司获得的工资如果比预计在国际组织获得的工资高时,需要做出简单的说明,这种时候,就需要让对方认为,应聘者选择联合国是为了自己的生活,而不是为了寻求经济上的利益,强调应聘者对贡献、奉献等方面的觉悟。

b. Exact Title of Your Post

用英文填写过去职称时,需要注意的是如果工作性质相同,尽量使用招聘信息中的表达方法,以便获得认可。

c. Name of Employer

填写当时人事权人的姓名、职称。

d. Type of Business

简单叙述工作种类,例如银行职员、公务员、国际公务员等。

e. Address of Employer

填写公司地址。

f. Name of Supervisor

填写直属上司的职称与姓名。国际组织的人事负责人可能会询问该直属上司一些情况,不过实际操作中很罕见。

  g. No. and Kind of Employees Supervised by You

填写过去的下属人数。这是为了判断管理能力。如果直属下属是3人,但是这3人又会管理其他下属时,可以用 3 Chiefs who supervised total 15 staffs 进行表示。

  h. Reason for Leaving

填写跳槽的理由,尽可能写积极的一面。例如:Reassignment due to restructuring, Career advancement, Career development, End of term 等。

  i. Description of Your Duties

这是非常重要的一项。"过去我所做的工作就是招聘信息所描述的那份工作"是最有说服力的回答。因此,我们要写上与招聘信息中所描述的工作内容相同或者类似的所有工作。只要是与工作内容相关的事情,就算是只有3个月的兼职经验,也可以写进去。

  ㉘ Have you any objections to our making inquiries of your present employer?

询问应聘者,如果告诉公司的雇主应聘联合国一事并且询问几个问题,会不会不方便?实际上,很少会直接联系公司。

  ㉙ Are you now or have to ever been a permanent civil servant in your government's employ? If answer is "yes", when?

询问应聘者现在或者过去是否曾在自己的国家当过公务员?如果有的话,是什么时候?一般情况下,国际组织信任国家机关的工作资历,并优待相关应聘者,所以最好清楚地回答岗位,并且有必要简单提及工作内容。

  ㉚ References:List three persons, not related to you, and are not current United Nations staff members, who are familiar with your character and qualifications, Do not repeat names of supervisors listed under item 27.

除了家人、联合国工作人员、直属上司(第27项提问中回答的)之外,让应聘者填写三位推荐人。对于在校生而言,建议填写大学老师、辅导员、有相关经验的或者值得信赖的同学。联合国方面会联系应聘者填写的推荐人询问关于应聘者的几个问题,所以最好是事前和他们沟通好。当然,被选为"有利候选人"时,才可能出现这种情况。

  ㉛ State any other Relevant Facts, Including Information Regarding Any Residence Outside The Country of Your Nationality.

其他有助于应聘的事实,尤其是在国际组织工作过的内容,即留下美好印象的经验、与专业相关的活动内容、非政府机构活动、在发展中国家出差停留的经验和参加国际会议研修经验等。

  ㉜ Have your ever been arrested, indicted, or summoned into court as a defendant in a criminal proceeding, or convicted, fined or imprisoned for the violation of any law (excluding minor traffic violations)? if "yes", give full particulars of each case in an attached statement.

询问应聘者是否有犯罪经历。如果有,则需要附加相关资料。

  ㉝ I certify that the statements made by me in answer to the foregoing questions are true, complete and correct to the best of my knowledge and belief. I understand that any misrepresentation or material omission made on a Personal History form or other document requested by the Organization renders a staff member of the United Nations liable to termination or dismissal.

最后是承诺 CV 所有内容属实。如果所填内容不属实，就会应了那句西方人的格言"相信你的话。但是如果有虚假，以后再也不会相信你"。填好日期，再签名即可。如果没有签名，就不会以正式资料受理。

（3）简历的审查方法

大部分国际组织会将应聘简历进行数据化，用于客观判断依据。即将年龄、学历、资历、语言能力等，按照岗位的职务制作一个评估项目进行打分。不同的国际组织采用的打分制度不同。在此试举一例，以便应聘者对简历的审查方法具有更加直观的感受。

行政专员 P3 为专业 3 级人员，招聘要求比实习生高出很多。它的评估项目包括学历、资历、语言能力、管理能力四大因素。

学历：相关专业硕士学位为 5 分，学士学位为 3 分，持有会计资格证为 2 分，其他相关资格证为 2 分，最低分数是 5 分。根据这一评估标准，如果是学士学位毕业生，没有相关资格证的话，就不能应聘。

资历：在相关领域具有 4—8 年工作经验为 5 分，在国际组织工作过两年为 2 分，在自身国家之外的发展中国家有工作经验为 3 分，有国际工作经验为 2 分。最低分数是 7 分。根据这一评估标准，只有在相关领域有很多经验，而且在发展中国家工作过或者有国际工作经验者才能应聘。

语言能力：熟练掌握英语和法语为 5 分，熟练掌握英语为 3 分，掌握法语或者其他联合国官方语言知识为 2 分，本地语言能力为 1 分。根据这一评估标准，需要熟练掌握英语或者法语，或者（如果没有讲法语的机会）最少熟练掌握英语或者其他联合国官方语言知识才能超过最低分数 5 分。也就是说，进入联合国，第二外语要选择"联合国官方语言"之一。

还有，招聘"行政管理职位"时，简历评估会增加对管理能力的测评；招聘其他职位时，会有符合该职位的其他评估方法。虽然评估内容有所不同，但是设立评估项目的原则是一定的，因此应聘者一定要了解所应聘的国际组织对相应的职称有怎样的能力要求。

2. 求职信

与其他行业求职类似，求职信（Cover Letter）通常以 Business Letter 形式呈现，3～5 个段落，占用一张 A4 纸大小的篇幅。信件的右上角写上应聘者的姓名与地址，在左上角写上收件人姓名、国际组织名称与负责人部门名称、联系方式、日期等。

求职信的重点在于吸引招聘负责人，从而对应聘者的简历产生兴趣。正文内容的关键在于如何一目了然地展现岗位所要求的知识、能力、资格、资历等。最重要的是仔细查看招聘信息之后，明确了解对方要求的"核心能力"。在最后写上姓名，再签字即可。需要注意的是，最好不要用"老套的文句"，国际组织的人事负责人已经具有丰富的材料审阅经验,对相关参考资料中出现的"老一套"非常清楚。

3. 面试技巧

经过简历关后,将只有不到 10% 的应聘者进入面试阶段。从这一点来看,面试机会本身已经表明应聘成功了一大步。如果说简历是用"资料"评估个人的能力,那么面试就是用"自身"评估应聘者的能力。因此,要把面试机会当成能积极宣传自己的绝好机会。联合国等国际组织不会因为笔试只差一分决定成败,所以具备面试能力的人将更有竞聘优势。

(1) 面试的准备

① 要充分准备应聘动机等基本问题

为什么会选择这一机构、为什么会应聘这一岗位,这些问题是无一例外都会提问的。此外,面试官还会提问所应聘的国际组织主要活动内容等,问题范围非常广泛,所以面试前应准确掌握相关内容。面试时,要与面试官对视。

② 准确理解问题,回答简单明了

要充分回答面试官的问题。如果听错了,或者理解有误,则一定要重新确认之后再回答。面试官想要获得的信息不在应聘者回答的问题中时,他会重新再提问相同的问题,这就无法给面试官留下好的印象。

③ 要以应聘者本人立场回答问题

面试官询问工作经验时,应聘者不能站在公司组织、公司业绩、公司上司等角度回答问题,主语始终要保持"我(I)"而不是"我们(We)"。

④ 熟练掌握应聘岗位的能力要求

招聘信息中会提出应聘岗位能力要求(Competencies),具体指明所要求的资格和能力,一定要基于这一内容准备好答案。例如,关于团队(Team Work)可能会提出"请介绍团队团结的示例,如果团队有问题,您是怎么解决的?"除此之外,面试官还会提问应聘者的优缺点,以及成功案例、失败案例等,所以有必要整理好有说服力的示例。提问失败示例时,不要回答"没有",最好提出一个失败示例,附加一个从中获得的教训,就会锦上添花。讲述一个案例,大概用 2~3 分钟最合适。

⑤ 准备应聘岗位要求的"专业性"问题

除了能力之外,招聘信息会明确提出应聘岗位所要求的知识、技术、经验等,也要准备好这方面的问题。回答不出专业性问题可是致命的失误。

(2) 面试的评分方法

面试中有很多评分项目。需要注意的是,西方国家一向重视每位面试官的独立裁量权,但是提高评估的客观性也跟面试官的裁量权一样重要。每个国际组织稍有不同,但是大体上都会将各个项目分为 Excellent、Very good、Good、Adequate、Poor(优秀、好、良好、合格、差)进行评分,评分项目包括:① 语言能力评估;② 客观能力评估,包括学历背景和工作背景;③ 能力评估,包括团队合作、交涉能力、管理能力、领导能力、分析能力、沟通能力、其他(特殊事项);④ 性格评估,包括动机、持久、包容、灵活、适应环境、责任心、信赖、判断、敏捷、主导、活力、积极、明快、说服、外交、自我主张、自信心、协作、乐观、耐力(忍耐)、稳定等。

有一些国际组织判断个人性格时,会按照如下项目进行评估。

Slow/Quick

Unsure of oneself/Self confident

Inhabited/Forthcoming Arrogant/Modest Emotional/Self controlled Vague/Precise

Lacking in curiosity/Endowed with a curious mind

Inappropriate appearance/Appropriate appearance

Unrealistic/Endowed with common sense

Aggressive/Assertive

Superficial/Thorough

Narrow-minded/Open-minded

Undecided/Determined

Immature/Mature

Uncooperative/Cooperative

Passive/Dynamic

Disorganized/Methodical

（3）面试形式

① 结构化面试——候选人一人面对多位面试官

这是国际组织面试中最常见的方式。应聘者通常需面对三位左右的面试官（人事部门代表、招聘部门代表、职员组合代表），用 30 分钟到 1 小时的时间进行面试。考虑应聘候选人决定面试的地点与时间,联合国和国际组织将承担候选人的交通费和停留费用。

② 一对一面试——候选人一人面对一位面试官

一对一的面试,需要由候选人亲自拜访每位面试官进行面试。候选人拜访相应的国际组织人事部,人事部门会给候选人一张面试时间表,候选人就要按照时间表拜访各个面试官进行面试,即第一轮面试是要参加几点在几号房的面试官面试、第二轮面试又是要参加几点在几号房的面试官面试。

每次面试大概需要 20～40 分钟,面试官因人而异,偶尔一些面试官会选在咖啡厅边喝咖啡边进行面试。遇到这种情况,虽然没必要始终保持僵硬的姿势,但是始终不能忘记"我正在参加测试"。还要懂得区分"友好的表示"或者"礼仪上的待遇"与"事实"的关系。很多人分不清"善于为人处世的人"和"人好",从而导致实际人品好,但是因为不善于处世,而被认为是坏人。即使需要参加好几位面试官的面试,通常也都会在一天内完成。

③ 电话面试

电话面试很多时候是出于节省经费、不浪费时间等原因。国际组织不能区别对待种族、性别是毋庸置疑的,就连"外貌"也不能区别对待,所以面试官不用亲自见到应聘者,也有很多方法可以评估应聘者的能力。更何况,评估包括语言能力在内的几个重点问题时,电话面试也不用担心影响到评估的准确性、公正性。近期,联合国越来越多地采用电话面试方式。实际操作时,通常会提前 3 天联系应聘者。

一般而言,面试官会问候选人 3～4 个问题。首先是重新确认简历内容。因此,为了应对这一问题,应聘者需要准备好已递交的简历。"您写到,在大学做了研究,具体做了什么研究?成果如何?"(这种情况下,面试官想要了解的是获得成果的过程,而不是结果)或者"您写道,您在电子公司工作过。工作方面有没有过难题?"等。面对这种问题绝不能用简单的是和不是来回答,一定要自然地引出对话,最为重要的面试内容是与职责相关的专业知识问题,需要提前准备预计会出现的问题。通常情况下,还会问"能否在难以生活的偏远地区工作?"。

最终面试前,也会为了"遴选"而做电话面试。只需任用两个人,通知10个人到纽约来面试从各种方面来看都是一种浪费。尤其,语言能力测试等问题通过电话也能充分做出评估。

④ 网络视频面试

减少金钱和时间的浪费,而且还能取得与"面对面面试"几乎一样效果的方式就是网络视频面试。这种时候,会采用一位候选人和几位面试官之间进行面试的方式。通常需要30分钟到1小时。

⑤ 半结构化面试

以多位面试官和多位候选人在一个地方进行讨论的形式进行。

(4) 面试的过程

面试的原理比较简单,主要是确认应聘者性格是否符合招聘岗位。如果符合,就要看是否具有胜任工作的能力。如果有能力,不仅要看客观能力,还要审查个人能力。通过前述几个问题确认应聘者的能力。在西方发达国家,对人格(Personality)的重视程度丝毫不亚于学历、资历等客观能力。

① 开始面试

首先,面试官会自我介绍,为了消除应聘候选人的紧张,会从简单的内容,即从确认简历内容开始,或者聊一些天气情况等,以相互之间感到轻松的话题开始。其次,为了按具体评估项目逐一评分,面试官会根据确认列表进行提问。

② 注意事项

面试是在有限的时间内评估应聘者的考试,所以应聘者不仅要保持好心态,而且回答时要充分利用有限的时间。面试时,第一印象非常重要,需要适当的谦虚、力度,明亮的笑脸和从容的口吻等。

大部分中国应聘者会用英语进行面试。当然,熟练掌握法语的人就用法语进行面试。英语和法语之外的语言不是官方面试语言。面试时,稍微紧张是不可避免的,但是不用过于畏缩。语言是表达手段,它本身不是目的,所以,我们的"手段"就算稍微不自然也不会成为大问题。重要的是对话的内容,情节展开的逻辑。面试官要求的是开展工作必备的逻辑性语言运用能力。要求"语言熟练"不是让你在所有领域完美地运用语言,而是在执行本职工作中要熟练运用语言,不用对"熟练"有太大的压力。

如果说面试官语速太快,或者用他们习惯性的表现方式说得很难听明白时,应聘者完全可以要求面试官重述一遍。重新询问、准确回答远比按照自己的推测并毫无确信地回答要更受面试官青睐。自信的表现方式,谦虚的态度,自然的手势、视线、声音等也是需要多注意的地方。最后,有必要给对方呈现出"一定想要在这里工作"的意愿。

③ 实际面试中出现的问题示例
a. 基本的问题
- 关于候选人自身的问题
  - 请大概介绍一下您到目前为止的资历。
  - 请介绍一下您的优缺点,还有您的特征。
  - 您的家人同意您在实地(Field)工作吗?
  - 您如何度过业余时间?
  - 您有没有解压方法?
  - 您的兴趣是什么?
  - 您会如何应对在发展中国家遇到的危险?
  - 最近您因为什么事情生过气? 如何处理的?
  - 最近所做的最大决策内容是什么?
- 应聘动机
  - 您为什么会应聘该国际组织以及该岗位?
  - 请您介绍一下您所了解的应聘岗位都会做些什么工作?
  - 您有在该国际组织做出贡献的方案吗?
  - 如果您赴任这一职位,您会发挥什么知识与经验?
  - 该国际组织必须聘用你的理由是什么?
  - 在该国际组织发挥您优势的方案是什么?
  - 从目前为止的工作经验来看,您的上司与同事如何评价您的优势?
- 关于国际组织
  - 您对该国际组织有多少了解?
  - 您觉得目前该国际组织面临的最大挑战是什么?
  - 请举两个例子,并提出解决方案。
  - 本地政府的重要课题是什么? 该国际组织应该如何应对?
- 关于背景问题
  - 请简单介绍工作经验。
  - 您的工作经验与应聘岗位一致的根据是什么?
  - 针对您的专业领域,民营企业与国际组织的区别之处是什么?

b. 关于核心价值与能力

在本章第一节,我们曾重点介绍了联合国对人才的核心价值与能力要求,并且提到联合国的面试主要采用基于能力的面试。以下为能力面试中最常见的问题,应聘者需要根据具体的招聘信息,分析其能力素质要求,准备相关问题的回答。

- Respect for Diversity(尊重多样性)
  - 您有在多种文化、多种种族的社会环境中工作过的经验吗?
  - 您有过与不同背景的人一起工作的经验吗?
  - 在与多种文化、多种种族的多国籍人士构建人际关系时,需要注意什么?
  - 您与保守的男性一起工作时的问题是什么?

-您在女性居多的工作环境中能胜任工作吗?

-在目前为止的工作过程中,关于性别(Gender)您注意过的事项是什么?

- Professionalism(专业能力)

-您有没有在实地(Field)工作过的经验,或者有没有能呈现您专业技能的经验?

-您在本地有没有想象过实地(Field)生活?

-您有没有经历过紧急援助?

-您能不能在困难的环境工作?

-您有没有把问题转变成积极问题的经验?

-您在目前为止的工作遇到的问题,最困难的是什么? 如何克服?

-请举例介绍,参与立案并履行过的工作经验,其中您承担了什么角色? 出现障碍时,是如何应对的?

- Integrity(诚实的人格、公益优先的人格、不屈服不合理压力的性格)

-如果该国际组织遭到谴责时,您会如何应对?

-您有没有过逻辑上进退两难(Ethical Dilemma)的经验?

- Creativity(积极改善职务、服务,开发新的创意)

-您工作上有没有开发过创意?

-如果您有过变更体系、变动项目的经验,请介绍其结果。

-请您介绍在履行工作中所面临的问题以及为了解决问题所采取的措施。

- Commitment to Continuous Learning(为了自我改善持续努力,向他人学习的精神)

-为了提高成员的专业性,能够指导的方法是什么?

- Client Orientation(始终站在客户立场上面对问题,严守工作处理时间)

-您有没有跟挑衅性的客户一起工作过?

-与政府高级官员共事过的话,您需要特别注意什么?

-您有没有因为工作跟政府有过矛盾?

-在与捐赠者(Donor)的关系中,您需要注意什么?

-工作方面,您跟政府机关、研究机关、非政府机关等相关人士构建过什么样的关系?

-如果成功应聘岗位,您能与本地政府以及其他相关人员形成什么样的关系?

- Planning & Organizing(设定战略性目标,明确优先级)

-进行众多行程与工作,您需要特别注意什么?

-需要同时进行众多工作时,您按照什么样的标准确定优先级,以便在指定时间内完成工作?

-应聘本岗位之后,就要与5位下属开展15个项目,您觉得需要什么?

-上司给您安排了几个紧急工作,您会如何应对?

-属下职员倒不是很懒惰,但是看来就要耽误时间,采取什么措施才能按时完成工作?

- Team Work(协作、向同事学习、考虑整个团队的言行、共享责任)

-您有没有跟团队成员协作进行过工作?
-您与团队成员共同工作时,经常担任团队领导吗?经常是团队意识最强的人吗?
-请举例介绍目前为止需要团队合作的情况以及其中您所担任的作用。
-请举例介绍成功的团队项目。
-在优秀的团队合作中,必备因素是什么?
-与同事共同做事时,您的风格如何?
-若与同事吵架时,您会如何应付?
-在公司,您是如何解决人际关系问题的?
- Communication(明确有效的表现能力、对话能力、信息共享)
-您所应聘的岗位要求具备优秀的文书写作能力。您有这方面的经验吗?
-要汇报给捐赠者时,最为关键的沟通(Communication)能力是什么?
-您所制定的文件中,请找出沟通(Communication)能力因素?
-请举例介绍您具备"交涉能力"的经验。
-为了培养沟通能力,有效的学习方法是什么?
-针对投诉的应对方案是什么?
-上司驳回了您的建议,您会如何应对?
- Technological Awareness
-您掌握的软件、应用程序是什么?
- Vision(明确战略,积极预测)
-如果应聘成功,您想在3周内做什么?
-如果应聘成功,今后10年您想实现什么?
-利用该国际组织的优势,您想实现什么?

二、八个联合国重要机构的求职攻略

随着时代的发展,联合国各大机构不断壮大,在各个领域均有卓越建树和非凡影响,成为政府间乃至国际社会沟通、互助、共同发展不可或缺的合作伙伴和发展平台。联合国的专门机构主要围绕五个方面展开工作,分别是维持国际安全与和平、保护人权、提供人道主义救援、促进可持续发展、支持国际法发展。这些机构众多、架构复杂,导致招聘岗位多样、要求多元、渠道复杂。

为此,本书特选了联合国八个重要专门机构进行具体讲解。这些机构在各自专长的领域都发挥着重要作用,和中国政府有较为密切的合作关系,并且招聘方式具有一定的代表性。限于篇幅,本书不能穷尽联合国所有专门机构的求职攻略,着重挑选了几个专门针对优秀青年人才设有岗位的组织,以及在其领域发挥重大作用的机构。在国际可持续发展方面,有世界银行、联合国开发计划署和联合国教科文组织,它们分别都在经济、文化、可持续发展领域拥有重要影响力;在保护人权和提供人道主义救援有国际劳工组织、联合国儿童基金会、世界粮食计划署、世界卫生组织、联合国难民事务高级专员办事处,它们分别在国际劳工、儿童保护、粮食发展、卫生安全、难民救助等领域贡献卓越。

本书将重点介绍这些国际组织的概况和具体的入职途径,以期能帮助读者更好地了解进入联合国专门机构的入职途径,及早做好职业规划,在职业发展的道路上顺利进阶。读者如有其他感兴趣的国际组织,可以查询其官网,在机构介绍和工作机会等页面获取相关信息。

世界银行

1. 组织概况

世界银行成立于1945年,现有189个会员国,其职员来自世界各国,有超过130个驻地办公室,总部设在美国华盛顿特区。世界银行致力于向发展中国家和贫穷国家提供经济金融援助,以推动国家政策的制定和发展,从而达到消除赤贫、推动发展的双重目标。其下设有5个分支机构:国际复兴开发银行、国际开发协会、国际金融公司、多边投资担保机构和国际投资争端解决中心。作为连接政府和社会的重要机构,世界银行向政府和私人均提供支持,以推进最终目标的完成。其中,国际复兴开发银行和国际开发协会专门和发展中国家对接,关注和推动健康、教育、农业、环境保护、基础建设等领域的政策和经济发展。

尽管隶属于联合国系统,但是世界银行的组织框架与联合国并不相同。其每个下属分支都直接由各自的会员国决策,各会员国除了本身的成员票之外,根据各国出资的多少,还有相应的不同份额的额外票。由于美国是世界银行最大的出资国,因此相对应的,美国拥有最大的决策权,基本上可以单独决定世界银行的任何决策。

由于世界银行自身定位的经济相关特性,其薪酬待遇十分优厚。对于实习生而言,在相对其他国际组织更有竞争力的薪资之外,世界银行的实习时间分为夏冬两季,硕士生或更高学历者实际上可以充分利用假期进行实习,无疑是一个拓展知识经验、提升个人能力的好选择。而对于参与YPP项目的青年专员,世界银行同样给出了丰厚的薪酬待遇,并且专门配备导师制度帮助青年专员迅速成长。

在招聘过程中,世界银行非常强调与顾客沟通的能力。这与其本身是一个为各方提供经济和技术支持的平台有关。世界银行的机构定位决定了其职员必须要有优秀的沟通能力。

2. 世界银行求职攻略

(1) 实习

世界银行也开放实习生项目以供申请[1]。通过实习,申请人可以积累更多的工作经验,对世界的经济贸易有更加深入细致的了解。申请时需要注意以下硬性要求:拥有世界银行成员国国籍;必须拥有全日制学校的本科学位,并且已经被全日制研究生院录取[2];必

---

[1] 详情参见世界银行官网实习生项目说明:http://www.worldbank.org/en/about/careers/programs-and-internships/internship。

[2] 大部分申请世界银行项目的候选人的教育背景都是硕士生在读或是博士生在读。世界银行官网的信息原文为:candidates must have an undergraduate degree and be enrolled in a full-time graduate study program (pursuing a Master's degree or PhD with plans to return to school full-time)。

须要能够流利地用英语进行工作交流。除了这些硬性要求之外,学术背景为经济、金融、人类发展、农业、环境等专业的申请人在申请时会更有优势。拥有相关的工作经验、熟练的电脑办公技巧、熟练掌握其他的联合国官方语言也能够为项目申请增加竞争力(如表2.8所示)。

表2.8 世界银行入职途径

实习	志愿者项目	顾问制度	YPP项目	JPO项目	空缺岗位招聘
√	/	√	√	√	√

世界银行为实习生提供时薪,条件允许还会承担差旅费的报销。但住宿和相关费用需要实习生自行解决。其大部分项目都在美国华盛顿特区,也有一些驻地办公室的实习项目,每个项目最短期限为1个月。因此,对于本身在美国的求职者而言,世界银行的实习地点和时长较为合适,报酬丰厚,不失为一个值得考虑的实习选择。

世界银行每年会开放两期实习项目,夏季实习项目(6—9月)于每年12月1日开放申请,截止日期是1月31日;冬季实习项目(12—3月)于每年10月1日开放申请,截止日期是10月31日,申请的时候要注意项目的截止日期。所有的申请都必须在网上进行,一旦材料上传完毕不得进行修改。

(2)顾问制度

世界银行实行短期顾问制度,应聘者可以在相关的空缺岗位信息网站上进行查询[1]。总体而言,世界银行的顾问分为两类,第一类是短期咨询助理(Short Term Temporary,STT),行政级别为GA-GD,是辅助人员,每财政年度工作时间约为1200小时,没有福利待遇,不确定是否带薪。第二类是短期咨询师(Short Term Consultant,STC),行政级别为GE,是非管理层专业技术人员,每财政年度工作时间为150天,同样没有福利待遇,不确定是否带薪。更为详细的岗位要求需视不同岗位而定。

(3)YPP(Young Professionals Programme):青年专业人员方案[2]

YPP项目每年招收40人,提供为期5年的合同,通常于每年6月中旬开始接受申请。一旦被录取,参与者将会在一个结构性发展项目中固定工作2年,并且必须要能够主动贡献个人的专业技能,推动项目组在一些重要的任务中获得突破。同时,在参与2年项目的过程中还会经历田野调查和一系列的入职、在职培训,包括导师制度和伙伴制度,这些将能帮助在职者获得更多的专业技能。世界银行会根据在职者的个人教育背景和工作经验提供薪水,并全部承担相关的基本生活、意外事故保险和日常医疗开销。因工作而产生的安置费和单程差旅费也可以报销。除此之外,还可以申请为期2年的免利息安置补助贷款。

申请加入YPP项目需要满足以下硬性条件:必须拥有世界银行成员国的国籍;年

---

[1] 世界银行的顾问职位招聘信息网站参看:http://web.worldbank.org/external/default/main?pagePK=8453982&piPK=8453986&theSitePK=8453353&contentMDK=23158967&menuPK=8453611&location=&type=ALL&family=。

[2] 关于世界银行YPP项目的详细内容,详见:http://www.worldbank.org/en/about/careers/programs-and-internships/young-professionals-program#a。

龄在32岁或以下;拥有硕士及以上学位;英语流利,若同时还掌握至少一门其他的世界银行工作语言,则会增加求职优势;拥有与世界银行的工作内容相关的至少一个领域的专业知识背景;3年及以上相关工作经验,或者是正在进行博士层级的研究项目。除以上硬性要求外,还有一些加分优选项:对推动国际发展有巨大工作热情;有出色的学术成就;有出色的顾客沟通和团队领导能力;已经有相关的国家发展工作经验;愿意承担他国驻地任务。

申请YPP项目的时间表非常紧凑。每年6月到9月是申请和第一轮筛选阶段,10月份进行第二轮筛选,11月中旬到12月下旬再到一月邀请通过筛选的申请人去各地办公室进行面试[1],最终的录取结果将在来年的2月公布。在整个面试过程中,申请人的团队领导能力、顾客定向沟通能力、专业背景技能都将被纳入综合考量。因此,有求职意向的求职者需要尽早开始准备,经常上申请官网了解招聘机会和进程。

(4) JPO项目[2]

在世界银行,通过JPO项目制度进入的是捐助者资助计划(Donor Funded Staffing Program,DFSP)。这项计划由资助国资助,旨在促进提升世界银行多样化目标的实现能力。该计划下有两个互相独立运作的项目,分别是JPO项目和Externally Funded Staffing项目。

申请参与JPO项目,必须拥有资助国国籍,32岁左右,取得硕士学位并拥有至少2年的相关领域工作经验,熟练掌握英语,并尽可能熟练地掌握至少一门世界银行的其他工作语言(包括汉语、阿拉伯语、法语、葡萄牙语、俄罗斯语、西班牙语)。每个资助国政府将定时推出关于候选人的招聘信息,申请人需要先向自身国籍所属的资助国提出申请,申请成功后由各自资助国政府推荐,获得世界银行JPO项目的推甄资格。最终申请成功与否则完全由世界银行决定。

获得职位后,录取者将被分配到华盛顿总部或驻地办公室办公。一期JPO项目的资助时长一般为3年。除此之外,业务需求、个人能力表现和资助国资助时长都将影响到录取者的在职年限长短。

(5) 空缺岗位招聘

世界银行有专门的岗位招聘网站[3],上面会放出所有的空缺岗位,求职者可以浏览网站并且对心仪的岗位提出在线申请,世界银行的网站会自动回复确认求职者的申请。

除此之外,世界银行下属的专门负责和发展中国家的私人、社会机构对接并提供相关的资金、政策和技术帮助的国际金融公司分支有专门的招聘网址[4]。

---

[1] 关于世界银行面试过程说明,详见:http://www.worldbank.org/en/about/careers/programs-and-internships/interview。

[2] 关于世界银行JPO项目的详细内容,详见:http://www.worldbank.org/en/about/careers/programs-and-internships/donor-funded-staffing-program。

[3] 关于世界银行所有的空缺岗位,详见:http://web.worldbank.org/external/default/main?pagePK=8453982&piPK=8453986&theSitePK=8453353&contentMDK=23158967&menuPK=8453611&location=ALL&type=ALL&family=pagePK=8453982&piPK=8453986&theSitePK=8453353&contentMDK=23158967&menuPK=8453611&location=ALL&type=ALL&family=。

[4] 关于国际金融公司的空缺岗位,详见:http://www.ifc.org/wps/wcm/connect/careers_ext_content/ifc_external_corporate_site/ifc+careers。

【求职案例】

求职者基本信息介绍：
闫××，女，1992年生人
北京大学社会学系学士学位，康奈尔大学公共政策学硕士
无工作经验；有相关科研经验及国际组织实习经验
求职职位：
世界银行 顾问 consultant
求职经验：
- 国际组织青睐于有一定行业经验或相关能力的求职者

国际组织更偏向于是用人的地方，而非培养人的地方。因此，国际组织对于求职者有较高的期待，希望求职者能够贡献价值，包括行业经验，对某一区域的了解，或者对于某一项工作能力的深入掌握。如果希望在国际组织有长期发展路径，求职者需要对国际环境非常深入地了解，对国际重点议题，如环境、劳工、妇女等牢牢掌握。求职者可以根据对某一话题的了解，选择合适的角色，或是做政策分析，或是做财务分析，或是做管理、定量计量。因此我个人认为求职中最重要的是要首先找准自己的定位，然后再找适合的国际组织。

-规范化求职过程
-投递简历。
-电话面试。
-笔试。
-项目组面试。
-部门经理面试。
-笔试经验

笔试共分两题。

第一题是Excel应用。考官提供一个数据库并列出若干问题，要求应聘者在30分钟内完成所有题目，题目主要是数据处理和数据分析。

第二题是撰写英文报告。主题是可持续包容性商业模式。考官介绍了5个案例，包括一个印度案例，一个关于医疗的可持续商业模式案例等。要求挑选一个自己感兴趣的案例，在30分钟内撰写报告将此案例介绍给一个完全不知道兼容性商业模式是什么的人。相当于概括总结。

-面试经验
（1）项目组面试。

笔试完，项目组里面的几位中层领导会进行一轮面试。这些领导都是专门做项目的、接触项目的人。这一环节，面试官会关注最实际的问题。比如，简历上某个项目的具体内容、面试者扮演的角色、遇到了哪些困难以及解决方法。面试官会非常关注项目及项目细节。

（2）部门经理面试。

部门经理属于管理级别。此轮面试不再关注项目及细节，而是更多地关注面试者本人，比如性格、兴趣、语言交流能力、对工作是否有热情等。面试官都非常关注面试者未来的职业发展规划。多轮面试后总结发现，面试官倾向于问以下三个问题。① 你为什么要选择我们。② 我们为什么要选择你。③ 你的短期、长期规划是什么。这三个问题背后是一个匹配的过程，即应聘者感兴趣的方向、能力和职位的需求要匹配。

国际劳工组织

1. 组织概况

国际劳工组织创立于1919年，有187个成员国，以追求社会正义为目标、以保障工人权利为己任。强调要保障人们的工作自由、工作平等、工作安全和人格尊严。其工作内容主要为制定国际劳动公约、制定劳工标准，以规范劳动关系和其他工作相关因素。国际劳工组织的机构组成为理事会和每年例行召开的国际劳工大会。在劳工大会上决议出公约，如果公约被各国政府广泛批准采用，就会转化成为国际劳动基准。

国际劳工组织的特殊之处在于，其内部是专门的三方架构——分别代表政府、雇主和工人，代表数量比为 2∶1∶1，由各自成员国派出三方代表，无论国家大小，实行平等的单独代表权。由三方之间展开自由辩论而最终达成协调。在国际劳工组织工作能够充分接触三方框架，了解不同立场对于劳动领域的不同工作要求，对有志于从事相关领域工作的求职者而言是一个非常有助益的平台。国际劳工组织的所有职位项目均需通过线上渠道进行申请。如果申请的是日内瓦总部的职位，申请人个人需满足瑞士或法国的签证条件；否则，国际劳工组织将无条件撤回所有已承诺职位。此外，国际劳工组织的工作环境是无烟环境。

2. 国际劳工组织求职攻略①

（1）实习

国际劳工组织有两个实习项目，一个是在日内瓦总部的实习项目②，另一个是在华盛顿驻地办公室的实习项目③。

① 日内瓦总部的实习项目

这个项目的硬性要求包括：必须是研究生最后一年注册在读；至少能够熟练地运用英语、法语或西班牙语中的一种语言进行书面和口头表达。能够适应国际化、多文化、

---

① 关于国际劳工组织所有官方职位的说明，详见：http://www.ilo.org/global/about-the-ilo/employment-opportunities/lang--en/index.htm。
② 关于日内瓦总部的实习项目说明，详见：http://www.ilo.org/public/english/bureau/pers/vacancy/intern.htm。
③ 关于华盛顿办公室的实习项目说明，详见：http://www.ilo.org/washington/about-the-office/jobs-and-internships/WCMS_179913/lang--en/index.htm。

多语言的工作环境,拥有良好的沟通能力和基础的电脑操作技术;需要能够独立承担工作,但也要有团体合作精神(如表 2.9 所示)。注意:曾经参加过 ILO 实习项目的申请人不得二次申请。

表 2.9 国际劳工组织入职途径

实习	志愿者项目	顾问制度	YPP 项目	JPO 项目	空缺岗位招聘
√	/	√	/	√	√

总部的实习项目一般历时 3~6 个月,因此研究生申请者需要大概一个学期到半年左右的时间来保证实习项目的完成,决定申请时需要考虑自身的时间规划。项目会在每个月的 1 号或是 15 号开始。每年 1 月和 6 月会开放实习生招募公告,届时可查看官网了解具体信息,也可以参考国际劳工组织的空缺职位名册网站[①],所有可申请的部门职位信息都会在网站上更新发布。申请人可根据个人的专业和兴趣方向在网站上进行岗位申请投递,由于申请人数多,只会有少部分人接到电话面试通知。每个招聘公告均只录用 3 个申请者,竞争非常激烈,因此有意申请总部的求职者需要做好充足的准备。

在费用方面,所有的基本开支均需自费解决(包括机票、住宿、保险、签证),若无任何机构资助,国际劳工组织将会给申请人提供足以负担基本生活开销的薪水。

② 华盛顿驻地办公室的实习项目

华盛顿驻地办公室相对规模较小,因此其所需的实习生人数也较少,且项目开放时间不固定。其实习生项目为兼职项目,每周要求工作 20 小时。该工作比较灵活,适合本身在华盛顿或附近地区生活学习的人申请。由于工作时长要求较少,而接触层面适合,因此对于研究生而言是一个不错的实习选项。

该实习项目的硬性要求有:至少为全日制在读研究生,相关专业为公共政策、经济、国际关系、法律和商业;有流利的英语读写能力。

这个项目面向所有学生开放,但非美国国籍的学生需要有效的相关学生签证去申请美国政府颁发的工作许可证。国际劳工组织无法在签证方面提供证明帮助。

(2)顾问制度

国际劳工组织会不定期聘请短期顾问,但这类短期顾问并不会由国际劳工组织的人力部统一进行招聘,有意向的求职者可以向短期顾问的分支机构单独提交申请[②]。

(3)JPO 项目

国际劳工组织的 JPO 项目已经成立 35 年,目前,国际劳工组织在全球办公室共有三四十名派遣专员。派遣专员必须是资助国选拔、推荐,专员的工作区域和工作领域也体现着其资助国的国家资助重点。但截至 2018 年 4 月,中国尚未成为国际劳工组织的 JPO 项目的资助国。

---

① 关于国际劳工组织的空缺职位,详见:https://erecruit.ilo.org/public/。
② 关于相关的顾问制度介绍,详见:http://www.ilo.org/public/english/bureau/pers/vacancy/other.htm;关于每个国际劳工组织的分支机构网址汇总,详见:http://www.ilo.org/global/about-the-ilo/how-the-ilo-works/departments-and-offices/lang--en/index.htm。

每一次的 JPO 项目时长 2—3 年,国际劳工组织每季度都会将空缺岗位名单发给各资助国,资助国根据本国的资助重点挑选对应推荐人选和应聘职位,并且将相关信息放到本国的相应部门网站上。整个招聘过程,初试一般由各资助国政府负责,随后还有进一步的面试,最终招聘结果将由资助国和国际劳工组织在商讨后共同决定。

如果想要应聘国际劳工组织的 JPO 项目,所有申请材料都必须在资助国政府的相关项目网站上提交,求职者本人的年龄应在 25~32 岁,具体要求由各资助国各自决定。除此之外,一般而言,求职者都要拥有硕士学位和一定年限的相关领域工作经验[①]。

(4) 空缺岗位招聘

国际劳工组织会不定期在其网站上更新空缺岗位的信息,求职者需要关注相关信息以申请心仪的职位[②]。求职者需要利用国际劳工组织的网上申请系统提交个人的申请材料。整个招聘流程时长根据申请者数量的多少会有所增减,最长的招聘流程可能会长达 5 个月。

联合国儿童基金会

1. 组织概况

联合国儿童基金会致力于帮助儿童成长,其工作内容主要集中在以下方面:儿童生存与发展、基础教育与性别平等、儿童保护、政策呼吁与伙伴关系建立。联合国基金会完全依靠自愿捐款支持运作,政府捐款占了 2/3。

联合国儿童基金会拥有超过 1.3 万名员工,其中超过 85% 的职员都在驻地办公室工作,只有少量的工作人员在总部和研究中心工作,负责疫苗、药品发放、物资补助、紧急安置等问题。因此,求职者在进行申请时,需要考虑自身是否能够承担驻地工作,并适应部分驻地较为艰苦的生活条件。该实习项目的优势则在于对本科生开放,高年级本科生即可参加,工作时间相对灵活,且整个实习项目一般时间较短,不需要专门牺牲学业进行实习。而如果参加基金会的 JPO 项目,一方面,求职者在未来职位选择方面将会拥有更多话语权;另一方面,对于后续在联合国儿童基金会工作也颇有助益。据统计,将近 50% 的联合国儿童基金会员工都有 JPO 项目的工作背景。

2. 联合国儿童基金会求职攻略

(1) 实习

联合国儿童基金会的实习项目向所有在读的高年级本科生、硕士生和博士生开放。这对于大量本科生而言是一个非常好的机会,大部分的国际组织实习机会不对本科生开放,因此希望能够在本科期间获得国际组织实习经历的求职者,可以多多关注联合国儿童基金会的实习招聘。该实习要求至少熟练掌握英语、法语或西班牙语中的其中一门语

---

① 关于国际劳工组织的 JPO 项目招聘要求,详见:http://www.ilo.org/public/english/bureau/pers/vacancy/aexpert.htm。

② 关于国际劳工组织空缺岗位招聘,详见:https://erecruit.ilo.org/public/index.asp。

言;同时,能够熟练掌握应聘职位所在地的工作语言;学习成绩优异并有相关的机构证明(表2.10)。

表 2.10 儿童基金会入职途径

实习	志愿者项目	顾问制度	YPP 项目	JPO 项目	空缺岗位招聘
√	√	√	√	√	√

实习岗位的空缺是常年更新的,因此需要经常去相关网站①查看更新并了解心仪的项目。联合国儿童基金会的实习一旦被录用,周期将为6~16周,对于大部分的本科生和研究生求职者而言,可以在一个假期或一个学期内完成,和需求比较适应。大部分的实习项目为全职,但最终还是要根据每个项目的具体情况而定。在整个实习期间,联合国儿童基金会并不会提供任何资金援助,所有费用需要实习生自己负责。需要注意的是,参加实习并不会因此得到内部推荐和转正机会,如果有意成为联合国儿童基金会的正式员工,依然要参加之后的正式选拔。不过,一份联合国儿童基金会的实习经历对于求得职位将会很有帮助。

关于申请联合国儿童基金会的实习项目更加具体的情况,可登录以下相关网址:联合国儿童基金会实习网站②;关于联合国儿童基金会实习项目的详细问答网站③。

(2)志愿者项目

联合国儿童基金会没有单独的志愿者项目,其志愿项目从属于联合国总部的志愿者项目④,因此需要在总部的志愿者系统中直接进行申请⑤。总体而言,要成为一名联合国儿童基金会志愿者,要求至少是大学本科在读,有相关工作经验并能够工作较长时间。整个支援项目期间不会提供任何的奖金和工资,所有开支需要志愿者个人承担。除此之外,如果希望为本地区进行志愿服务,可参考联合国儿童基金会的各个地区国家委员会的网站了解更加详细的信息⑥。

(3)顾问制度

联合国儿童基金会会在一些具体项目的具体领域聘请短期顾问,顾问职位空缺是不固定的,有意申请的求职者需要自行关注网站上的相关职位空缺信息⑦。每一个顾问职位的在职时长不固定,但在连续工作11个月后,会有一个强制的休息期。受聘为联合国儿童基金会项目顾问并不会获得其他正式职位一样的福利待遇,联合国儿童基金会只会支付项目活动所必须的相关差旅费用。

如果想要申请成为项目顾问,需要在线上提交个人简历,和联合国官方的P11表

---

① 联合国儿童基金会招聘官方网站:https://www.unicef.org/about/employ/。
② 联合国儿童基金会实习招募官方网站:https://www.unicef.org/about/employ/index_internship.html。
③ 关于联合国儿童基金会实习的详细问答,详见:https://www.unicef.org/about/employ/index_faq.html。
④ 关于如何申请成为国际组织的志愿者,参见本书第二章第二节。
⑤ 关于联合国儿童基金会志愿者申请信息,详见:https://www.unicef.org/about/employ/index_volunteers.html; https://www.unv.org/become-volunteer。
⑥ 参见各地区的联合国儿童基金会国家委员会官方网站:https://www.unicef.org/about/structure/index_natcoms.html。
⑦ 关于短期顾问职位空缺信息,详见:https://www.unicef.org/about/employ/index_66480.html。

格。求职者如果已经在联合国的电子招聘系统中存有档案,也需要将档案作为个人申请资料的一部分一并提交。

(4) YPP 项目

在联合国儿童基金会内的 YPP 项目是 New and Emerging Talent Initiative(NETI)。NETI 是一个 2 年项目,入职者首先在联合国儿童基金会的纽约总部进行为时 2 周的培训,随即赶往被分配的工作地点工作一年。工作实行导师制,在此期间将接受导师的帮助和指导,同时还要接受持续的工作表现评估。1 年之后将根据对在职者的工作评估,重新分配特定任务办公室,这些任务有可能会跨出 NETI 项目本身的负责范围。参加 NETI 项目的工作人员将获得一份基本工资,而其他的补贴则根据具体情况而定①。

申请 NETI 项目有以下硬性要求②:精通英语,掌握一门联合国其他官方语言,即阿拉伯语、汉语、法语、俄语或西班牙语;硕士学位以上;至少 5 年在发展中国家和多文化环境中的相关工作经历;能够接受分配到条件艰苦的工作站工作。申请 NETI 项目没有国籍限制。同时,对联合国系统内部员工而言,无论是正式员工、短期合同员工,或者是参加了 JPO 项目的员工,也都可以申请 NETI 项目。需要注意,如果正在参加 JPO 项目,需要在 JPO 项目中工作满 15 个月才可申请。而联合国职员一旦申请成功 NETI 项目,则视为自动放弃原职务,NETI 项目结束后不能直接回到原有工作岗位。

每年的 NETI 项目都将在官网上放出,需要求职者自行去官网查询,也可直接邮件订阅并等候通知③。每个申请者只可申请一个职位,所有申请需要在线上进行,招聘流程大概需要 1 个月④。

(5) JPO 项目

始创于 1967 年,每年录用约 100 名左右的派遣专员,每一期项目持续 2~4 年不等。大多数派遣专员均来自 JPO 项目的资助国。联合国儿童基金会的现任正职员工中有一半曾经是 JPO 项目的参与者⑤,因此参与其 JPO 项目是成为联合国儿童基金会正式职员的重要助力,有意于在国际儿童援助方面继续工作、发展的求职者可以多加留意这一招聘。JPO 项目的资助国名单每 4 年进行轮换,目前一共有 17 个资助国。中国已成为联合国儿童基金会 JPO 项目的资助国。JPO 项目录取后,入职者将被分配到联合国儿童基金会所涉及的所有领域和地区办公室,具体的职位分配会与入职者本人所属的资助国选择的资助领域、地区有关。

对于想要申请 JPO 项目的求职者而言,需要关注是否满足以下硬性要求⑥:必须是联合国儿童基金会的 JPO 项目资助国公民(或是比利时、荷兰指定的合作伙伴国家的公

---

① 关于补贴、奖金规定,详见:https://www.unicef.org/about/employ/index_benefits.html。
② 关于具体的申请要求,详见:https://www.unicef.org/about/employ/index_74422.html。
③ 关于 NETI 项目的 Job Mail Subscription,详见:http://jobs.unicef.org/cw/en-us/subscribe/。
④ 更多详细的信息,详见 https://www.unicef.org/about/employ/index_74618.html。
⑤ 相关信息,详见联合国儿童基金会 JPO 项目介绍的官方网站:https://www.unicef.org/about/employ/index_jpp.html。
⑥ 关于联合国儿童基金会的 JPO 项目,详见:https://www.unicef.org/about/employ/index_to_apply.html。

民),年龄不得超过32岁,拥有硕士学位,拥有2年以上的相关工作经验;能够熟练掌握英语和除英语之外的一门联合国官方语言;可熟练运用电脑办公软件;对于联合国工作尤其是联合国儿童基金会工作热忱而投入;能够和不同文化背景的人沟通共事,愿意不断学习提升。

JPO项目是全年滚动录取的项目,相关职位会在资助国的官方网站上挂出,有意向申请的求职者需要向自己国籍国所在的政府提交申请(求职人的国籍必须是JPO项目的资助国或指定国家),并由各国先行筛选,最后由联合国儿童基金会总部通过电话进行面试。整个筛选和录取过程根据各国情况将持续2~6个月不等①。在申请时,申请人可以自行申请其资助国资助的特定领域、特定地区的工作站或工作岗位,而一旦最终被录取职位分配完毕,一般情况下不能再予以更改。这一项目的申请和岗位分配相较于其他的国际组织而言,比较尊重求职者个人意愿,因此有特殊偏好和个人需求的求职者可以多加考虑。

(6)空缺岗位招聘

申请空缺岗位招聘者,可以到官方网站浏览心仪的空缺职位②。需要注意的是,不同职位之间的申请人基本要求有所不同,申请驻地、总部和其他研究中心等的职位前都要在相应网站上确认自身是否符合特殊要求(包括学历、工作经验等)③。

世界粮食计划署

1. 组织概况

世界粮食计划署成立于1961年,是世界上最大的人道主义援助机构,致力于抗击全球饥饿,让世界上的每个人都能得到足够的粮食以满足其健康生活的需求。它和同属于联合国系统的联合国粮农组织、国际农业发展基金一起为抗击饥饿而奋斗,总部均位于罗马。此外世界粮食计划署还和各国政府、联合国其他机构以及非政府组织共同努力。该组织一共有5项目标:拯救生命,在紧急情况下保障生计;防止严重饥荒的发生,为灾前预防和减灾进行投资;在战争或灾难发生后重建家园和恢复生计;减少长期饥饿和营养不良;加强各国控制饥饿的能力。作为联合国抗击饥饿的一线机构,世界粮食计划署始终积极应对紧急情况的出现,通过向饥饿人口和脆弱人群紧急提供食品来拯救生命;也帮助饥饿人口解决未来的粮食安全问题。与此同时,通过提供食品,还帮助民众积累资产、传播知识,建设充满生机和活力的社区。当下,世界粮食计划署在世界各地的目

---

① 关于联合国儿童基金会JPO项目的问答,详见:https://www.unicef.org/about/employ/index_51831.html.
② 关于联合国儿童基金会的空缺岗位,详见:https://www.unicef.org/about/employ/。
③ 关于联合国儿童基金会不同职位间招聘要求,详见:https://www.unicef.org/about/employ/index_qualifications.html;详细的求职过程指导,详见:https://www.unicef.org/about/employ/index_selection_process.html.

标就是实现全球亿万人口面临的"零饥饿挑战"。① 有志于从事人道主义救援工作、粮食工作的求职者可以多多关注世界粮食计划署的岗位招聘。

2. 世界粮食计划署求职攻略

（1）实习

世界粮食计划署招聘实习生的硬性要求如下：必须是大学注册在读，至少本科三年级及以上②，或者应届毕业不超过1年；熟练掌握英语，除英语之外，如果还掌握其他的联合国官方语言会对实习的应聘和正式工作有很大助益。这是为数不多的招募大学生为实习生的国际组织，希望参加人道主义救援而又符合条件的求职者应当好好把握。实习周期为2～6个月，对于高年级本科生而言，一般就是一个学期到半年左右的实习，时间合适；且世界粮食计划署提供实习工资，具体额数视工作地点而定，最高为每月700美元③，在相同条件的国际组织实习中待遇优厚。总体而言，对于高年级本科生，这一项目是难得的求职机会，有意向求职者可以多加考虑。详细招聘要求可以参见官网和招聘网站的说明（表2.11）。④

表2.11 世界粮食计划署入职途径

实习	志愿者项目	顾问制度	YPP项目	JPO项目	空缺岗位招聘
√	√	/	/	√	√

（2）志愿者项目

世界粮食计划署的志愿者项目是在其总部意大利罗马进行志愿服务，通常会在官网上发布志愿者信息。想要申请的求职者需要注册账号之后在官网上进行申请⑤。而除去在总部的志愿服务机会，世界粮食计划署的其他志愿服务都纳入联合国总体志愿服务系统（UNV），因此希望申请其他地区的世界粮食计划署志愿服务的求职者需要直接进入联合国总体志愿服务系统网站进行申请⑥。

（3）JPO项目

世界粮食计划署由于其独特的工作环境，在培养高素质的青年人才、初级官员方面具有独特的优势和完善的培养机制。JPO项目申请成功后，职员将会被分派到区域办公室、国家办公室或是罗马总部工作，为世界粮食计划署在营养援助、紧急粮食救援、家园重建等方面的项目工作提供协助和相关技术支持，推动相关活动的展开和实施。

---

① "零饥饿挑战"是联合国秘书长潘基文2012年6月在"里约+20"峰会上发起的倡议，包括5大目标：全年100%获得充足的食物；2岁以下儿童发育不良现象为零，孕妇和婴儿营养不良情况不再发生；所有粮食系统的可持续发展；小农，尤其是妇女的生产力和收入100%增长；粮食损失或浪费为零，包括实现负责任消费。

② Completed at least 2 years of undergraduate studies

③ WFP's internships normally last between two and six months. WFP contributes to your internship with a stipend that is connected to the specific duty station. The maximum amount is USD700 per month.

④ 世界粮食计划署的实习官方网站：http://www1.wfp.org/careers/internships。关于现有的WFP实习公开招聘，详见：http://www1.wfp.org/careers/job-openings? type=short-term-opportunities。

⑤ 详见世界粮食计划署总部志愿服务申请官方网站。

⑥ 在非罗马总部的志愿服务申请详情，请见联合国志愿服务官方网站：https://www.unv.org/。关于联合志愿服务系统的详细介绍，请参见本书第二章第二节。

这一项目面向的是有一定工作经验的青年人才,80%的参加者有3～5年相关领域的国际工作经验,90%以上拥有硕士学位。并且项目参与者中70%为女性。因此,有丰富国际工作经验、有志于人道主义救援的高学历女性求职者在该项目申请中存在一定优势。需要注意的是,这一项目同样是由资助国发起的,因此必须是JPO项目的资助国国家公民,才有资格申请世界粮食计划署的JPO项目。目前,中国尚未成为该项目的资助国。更为详细的信息可以参考其官方网站的说明。①

(4) 空缺岗位招聘

世界粮食计划署会根据其具体工作情况发布空缺岗位的信息,不同的岗位有不同的申请和招聘要求,详细情况可以访问世界粮食计划署的官方网站进行查询。②

联合国开发计划署

1. 组织概况

联合国开发计划署总部位于纽约,是世界上最大的进行技术援助的多边机构,也是联合国2015年后发展议程中的主要机构之一,致力于推动人类的可持续发展,协助各国提高发展能力,帮助人们创造更美好的生活。具体来说,其工作是为发展中国家提供技术上的建议、培训人才并提供设备,特别是对最不发达国家进行援助。联合国开发计划署的全部活动资金由联合国成员国自愿提供。其在177个国家设立了驻地办公室,与当地政府合作,应对发展挑战,开展能力建设。此外,还在全球范围内帮助各国实现千年发展目标(Millennium Development Goals)。

三十多年来,联合国开发计划署充分利用其全球网络和发展经验,支持中国制定应对发展挑战的解决之道,并为中国开展南南合作和参与全球发展提供协助。其目前在中国的重点工作领域为:减少贫困、善治、能源与环境以及危机预防与恢复。

值得关注的是,联合国开发计划署有专门的性别平等和就业公平政策,因此女性职员在联合国开发计划署的职员构成中占据了相当的比例。

2. 联合国开发计划署求职攻略

(1) 实习

总体而言,联合国开发计划署是一个有鲜明的技术色彩的国际组织,其工作也与技术援助、持续发展相关,涉及领域广泛,在不同的区域工作侧重有所不同,相应地会对工作人员的工作能力和专业特长提出要求(如表2.12所示)。因此,更适合有一定技术专长和学术能力、有志于从事可持续发展事业的申请者。参加联合国开发计划署的实习项目,有助于求职者获得实际的工作经验、补充学术研究。其实习包括全球的实习和中国驻地办公室的实习。

---

① 关于联合国粮食计划署的JPO项目信息,详见:http://www1.wfp.org/careers/jpo。
② 关于联合国粮食计划署空缺岗位公开招聘信息,详见:http://www1.wfp.org/careers/job-openings。

表 2.12　联合国开发计划署入职途径

实习	志愿者项目	YPP 项目	JPO 项目	空缺岗位招聘	其他求职渠道
√	√	/	√	√	√

① 联合国开发计划署的全球实习项目

联合国开发计划署的实习地点可能为别国驻地办事处、区域办事中心或纽约总部。在申请成为其实习生时,求职者需要注意了解自身是否具备以下资质:至少大学本科四年级在读,硕士生或博士生亦可,或者应届毕业一年以内;至少具备英语、法语或西班牙语中任意一种语言的流利使用能力(包括口头和书面表达),如果还能够掌握阿拉伯语、葡萄牙语或俄语,将会形成巨大的优势;必须对可持续发展领域有参与和实践的热情,能够和来自不同文化背景、使用不同语言的人一起工作,并获得同事的尊重。该实习项目一般为 3～6 个月,具体时长则要视实习生的可利用时间以及项目需求而定。在整个实习过程中,联合国开发计划署不会为实习者提供任何薪资报酬和生活补助,实习者需要自行解决经费问题。此外,整个申请过程都需要在线上完成。①

② 联合国开发计划署中国驻地办公室实习项目

中国驻地办公室实习项目的地点在北京办公室,主要工作职责包括开展调查研究,起草并整合文件,收集并整理信息,为会议、论坛暨其他合作举办的活动提供支持和起草宣传资料/成功案例资料等。整个实习期间不提供任何实习报酬,申请者需要自行解决经费问题。该项目时长一般为 3～6 个月,可全职或兼职(每天 8 小时,每周 5 天)。

在学历方面,要求研究生学历,至少也要已经取得研究生的入学资格。关于申请者的学术背景,则要求与发展问题相关,如经济学、国际关系、社会发展、公共政策、管理或/及公共管理、能源与环境、灾害风险管理、政治学、传播学、金融学、人力资源等。拥有这些专业背景的申请者将被优先考虑。在语言能力方面,要求能熟练运用英语,精通中文者优先。其他的基本申请要求包括:具备基本的计算机操作水平,对联合国尤其是联合国开发计划署的工作具备高度热情,认同联合国开发计划署的目标及《联合国宪章》所提出的理想,具备与来自不同文化、具有不同信仰的人沟通的能力,并愿意理解和宽容不同的视角与观点。申请者需要自行浏览办公室放出的实习招聘公告,并完成线上申请②。

(2)志愿者项目

联合国开发计划署的志愿者从属于整体的联合国志愿者项目,具体的申请要求需视不同项目而定。总体而言,基本要求求职者为本科或以上学历,拥有国际关系、公共管理等相关领域的教育背景,能够熟练掌握英语③。

---

① 申请要求详见联合国开发计划署官方网站:http://www.undp.org/content/undp/en/home/operations/jobs/types-of-opportunities/internships.html。申请入口为:http://jobs.undp.org/。

② 中国驻地办公室实习项目申请官方网站:http://www.cn.undp.org/content/china/zh/home/operations/jobs.html。

③ 联合国开发计划署志愿者项目的具体招募情况详见官方网站:https://jobs.partneragencies.net/erecnitjobs.html。

(3) JPO 项目

申请者需拥有联合国开发计划署 JPO 项目合作国的国籍。截至 2018 年 4 月,中国尚未成为其合作国①。

(4) 空缺岗位招聘

联合国开发计划署会定时在其网站上放出空缺的岗位,申请条件会根据岗位级别和专业有所改变。此外,联合国开发计划署有专门针对女性申请者而放出的 UN Women JPO 项目空缺岗位,详细情况请参看官方网站的岗位信息②。和其他的联合国开发计划署岗位申请一样,空缺岗位的应聘也需要通过线上申请进行。

(5) 其他求职渠道

联合国开发计划署由于规模庞大,所涉及领域的可持续发展领域较多,除去基本的求职渠道之外,还有许多不同项目可供求职者选择。

例如,领导力发展计划(Leadership Development Programme)就是一个很好的求职项目。该项目要求被录用者在总部或地区办公室每个岗位分别工作 2—3 年,至少要在 2 个以上的工作岗位积累工作经验。整个项目共计 5 年。如果想要申请这一项目,求职者不超过 35 岁,拥有硕士或以上学历,并拥有与开发相关的专业背景(经济学、政治学、公共行政、国际关系、商务行政、环境管理等相关专业等)和 3 年以上工作经历。如果求职者本身曾在发展中国家与外籍人士共事,在录取时将会被优先考虑③。

由于联合国开发计划署涉及内容广泛,对工作人员的需求量也很大,类似的项目还有很多。求职者需要经常访问其网站,寻找与自身条件相符合、与自身求职意愿匹配的项目,并进行线上申请④。

世界卫生组织

1. 组织概况

世界卫生组织成立于 1948 年,拥有 7000 名工作人员,在 150 个国家、6 个地区(非洲区域、美洲区域、东南亚区域、欧洲区域、地中海区域、西太平洋区域⑤)以及总部日内瓦均设有办事处。2017 年 7 月 1 日,埃塞俄比亚前外长特沃德罗斯·阿达诺姆接任陈冯富珍⑥,成为世卫组织成立以来首位非洲籍总干事。

世界卫生组织致力于全球健康问题治理与管控,主要负责传染病及非传染病对抗、空

---

① 联合国开发计划署 JPO 项目信息详见官方网站:http://www.jposc.undp.org/content/jposc/en/home/how-to-join/the-jpo-programme.html。
② 联合国开发计划署公开岗位招聘信息请见官方网站:http://www.jposc.undp.org/content/jposc/en/home/how-to-join.html。
③ 关于领导力发展计划的详细申请要求请详见官方网站:https://jobs.undp.org/cj_view_jobs.cfm。
④ 访问联合国开发计划署官方网站进行查询:http://www.undp.org/content/undp/en/home/ourwork/our-projects-and-initiatives.html。
⑤ 中国被划分到属于西太平洋区域。
⑥ 陈冯富珍,中国香港人,自 2005 年起担任世界卫生组织总干事。

气及食品饮水安全保障、药品及疫苗问题、健康状况的保障及终生提升等事务;对主动寻求帮助的国家,与其政府及其他成员共同维护卫生事业,并支持其卫生政策和战略。

申请世界卫生组织职位时需要注意,世界卫生组织不招聘如下三类人员:① 除非没有另一名同样优秀的候选人,不招聘职员亲属;② 不招聘吸烟者;③ 没有为20岁以下和62岁以上申请者提供的职位。

2. 世卫组织求职攻略

(1) 实习

申请者需不小于20岁,实习期间需为本科/研究生在读,或应届毕业不超过6个月,且至少已完成3年全日制学业,具有公共卫生、管理或行政等领域教育背景;至少精通一门工作语言(不需要提供专业语言测试证明);曾经参加过世界卫生组织实习项目的申请者不得再次申请。大多数实习生会被分配到与卫生相关的项目工作。实习期为6~24周,对于本科三年级及以上的学生而言,实习时间长短较为合适,可在2个月至半年内完成一次实习,提升相关领域经验和实践能力,是不错的实习项目。在实习期间世界卫生组织不提供薪资,住宿交通费用都需要求职者自付。需要注意的是,世界卫生组织的实习项目与正式职位无关,且实习结束后3个月内不能申请世界卫生组织公开招聘的职位(如表2.13所示)。

表2.13 WHO青年入职途径

实习	JPO项目	YPP项目	空缺岗位招聘	志愿者项目	顾问制度
√	/	/	√	/	/

中国的实习生可以申请日内瓦总部和任一区域办事处的实习:

① 日内瓦总部实习项目

分为夏季和冬季两期,每年有固定的招募和实习时间,为全职实习工作[①](如表2.14所示)。

表2.14 日内瓦总部实习项目

项目	招募时间	实习时间
夏季实习	2月1日~2月28日	5月~10月
冬季实习	9月1日~9月30日	11月~次年4月

招聘期内官方网站[②]上会有相关链接,申请者需完成问卷。问卷内容包含教育背景、当前学习情况、语言技巧、个人经历,以及感兴趣的工作领域、申请动机、合适的时间。其他证明文件根据后续要求提供。如果截止日期1~2个月后尚无回复,则申请失败。

② 西太平洋区域办事处实习项目

在每年的2月、5月、8月和11月招募空缺岗位,申请者需注册账号进行线上申请,

---

① 全职是指周一至周五,09:00—17:00的工作时间。
② 世界卫生组织总部实习项目官方网站:http://www.who.int/careers/internships/apply/en/。

截止日期7天后会提供最终候选名单及工作地区,在接下来的3个月内进行面试、考试等环节确定最终人选。① 世界卫生组织为实习生提供往返实习地点的机票费用。

③ 东南亚区域办事处实习项目

全年招募,申请者需按规定格式发送申请表和含签名的附信到相应邮箱,附信包含申请实习的原因(不超过3段)、感兴趣的工作领域以及合适的时间。②

(2) JPO项目

JPO项目人员由各自国家的政府赞助,但截至2017年5月,中国尚未成为世界卫生组织JPO项目的资助国,故而中国籍申请者不能参与这一项目。

世界卫生组织的JPO项目赞助国有奥地利、比利时、丹麦、芬兰、法国、德国、意大利、日本、韩国、卢森堡、荷兰、挪威、西班牙、瑞典、瑞士。上述国家申请者可以访问JPO服务中心③的网站进行查询。

该项目的申请者首先由各国自行筛选,然后再向世界卫生组织推荐候选人。具体要求各个国家有所不同,但一般需要申请者年龄在32岁以下;拥有发展学相关学科的硕士学位,和至少2年相关领域的带薪工作经验(最好是在发展中国家);至少精通英语、法语、西班牙语中的2种,如果能够流利运用阿拉伯语、俄语或者葡萄牙语会是加分项;具备优秀的信息科技技术和战略思维。

(3) 空缺岗位招聘

申请者可访问世卫组织的专门招聘网站④查看空缺岗位相关信息。在进行申请时,需要先在官网注册,在职位招募期间上传所需简历,并根据要求进行后续操作。需要注意的是,申请其他职位时,若未上传相应简历,将采用账号上传的最近一版的简历;在上一次的简历上直接更改是无效的。

联合国难民事务高级专员办事处

1. 组织概况

联合国难民事务高级专员办事处(简称"联合国难民署")成立于1951年,总部位于日内瓦,致力于保护人权,帮助难民、强制流亡的团体和无国籍人士,确保每个人都可以逃离原居住地的暴力、迫害、战争,免受疾病困扰,并找到避难所。

联合国难民署的工作范围遍及128个国家,与各国政府交涉并确保其履行1951年难民公约。其83%的工作人员奋斗在难民问题的第一线,只有7%的员工在日内瓦总部工作。因此,申请联合国难民署的求职者需要考虑自身条件,要求能够适应可能较为艰

---

① 关于西太平洋区域办事处实习项目的更多详细信息,详见:http://www.wpro.who.int/internship/procedures/en/。
② 关于东南亚区域办事处实习项目申请表及其他信息,详见:http://www.searo.who.int/about/employment/internships/en/。
③ JPO服务中心官方网站:http://www.undp.org/content/jposc/en/home/how-to-join/the-jpo-programme.html。
④ 关于世卫组织的空缺岗位招聘信息,详见:http://www.who.int/careers/en/。

苦的驻地工作条件。所有申请者均需在官网注册并完成基本的线上简历。

2. 联合国难民事务高级专员办事处求职攻略

（1）实习

联合国难民署办事处长期根据需要招收实习生，实习招聘无截至日期（如表 2.15 所示）。实习周期为 2～6 个月，实习生将从事法律方面的难民保护、国际关系、行政管理、公共事务等方面的工作。联合国难民署对实习生不提供任何薪酬或补贴。

表 2.15　联合国难民署青年入职途径

实习	志愿者项目	顾问制度	YPP 项目	JPO 项目	空缺岗位招聘
√	√	√	√	√	√

申请者需要线上填写报名表①，部分办事处的申请还需要按要求单独发送邮件。申请表信息会保留 6 个月，相关管理人员会直接与申请者联系；若 6 个月内没有回馈，则需重新填写。

（2）志愿者项目

每年大约 900 名联合国志愿者在 70 个国家为难民署工作，协助提供保护、社区服务和其他长期项目，在难民情况确认、方案执行和行政职能等领域提供服务。该项目志愿周期为 6～12 个月，最多 4 年。联合国难民署志愿者隶属于联合国志愿者系统，包括驻外志愿者、本地志愿者和网上志愿者这 3 种类别。

① 驻外志愿者：要求年满 25 岁，大学学历，至少 2 年相关工作经验。详细信息和求职方式参见联合国志愿者人才储备网站②。

② 本地志愿者：年满 22 岁。目前难民署在中国仅设有香港分部③，不设志愿者项目。

③ 网上志愿者：工作地点不限，详细信息和求职方式参见联合国线上志愿者网站④。

（3）顾问制度

招募营养、卫生、法律、民生、建设场地规划、媒体等领域的专业人士，分为国际顾问、本地顾问（在当地工作的非该国国民）、本国顾问这 3 类。顾问以个人为单位提供知识和技术支撑，不需要征求同伴或实体组织（如公司）的同意。为临时工作，不需要每天上班。任期最多为 36 个月，并且只能实际工作 24 个月。联合国难民署规定，每年最多连续 11 个月；每一个整月中必须中断一次。在一次聘用期结束后，应聘者需至少 6 个月不能进行顾问工作。

具体的招聘会根据需要在官方网站上发布⑤，求职者可以登录查看详细的背景、要

---

① 联合国难民署实习申请入口：http://www.unhcr.org/cgi-bin/texis/vtx/internship。
② 全球志愿者人才储备官方网站：https://www.unv.org/become-volunteer/volunteer-abroad/register-our-global-talent-pool。
③ 联合国难民署香港分部官方网站：http://www.unhcr.org/hk/。
④ 联合国线上志愿者官方网站：https://www.onlinevolunteering.org/en。
⑤ 关于联合国难民署顾问求职信息，详见：http://www.unhcr.org/consultancy-opportunities.html。

求以及应聘途径。

（4）JPO项目

联合国难民事务高级专员办事处的JPO项目招收25～35岁应聘者，从事法律、公共管理和社会科学领域工作。要求精通英语并具备用另一门联合国通用语言工作的知识；拥有相关专业的学士或硕士学位，并且学士需要至少4年相关工作经历，硕士学位需要至少2年相关工作经历。每年招收大约60人，工作周期为2～3年，接近69%的JPO项目在聘用期结束后继续在联合国工作。

申请者可以在网站上查询岗位空缺信息[①]，也可以在政府的外交部网站和对应国家的政府机构网站上咨询信息。

（5）空缺岗位招聘

联合国难民署的公开招聘可直接访问网站查看空缺岗位信息和应聘条件[②]。在网站的左侧会提供按职位所在地、所属部门、发布时间等进行分类查询的服务。以日内瓦总部发布的"行政或财政办公人员"招聘[③]为例：具体工作地点待定，为初级（P2）、中级（P3）、高级（P4）3个等级的职位进行招募。工作内容包括建立和维护高效的行政系统；控制机制，以支持业务的顺利运行，并确保其符合行政、人力资源和财务的规则和程序；为上述3个领域提供训练和建议等。3个等级的职位均需要在会计、金融、公共管理、企业管理或其他相关领域的学士学位，其他学科的学士如果有会计或金融的职业资格证（如CPA、CIA等）也可以参加应聘。同时，要求精通英语，以及掌握其他一门联合国工作语言。只是3个职位对工作经验的要求有所不同（如表2.16所示）。

表2.16 三个职位对工作经验的要求

相关领域工作经验	硕士学位	学士学位	其他要求
初级职位（P2）	2年	4年	无
中级职位（P3）	6年	8年	其中至少2年在政府间国际组织（如UN）
高级职位（P4）	10年	12年	其中至少5年在政府间国际组织（如UN）

（6）初级人道主义专家项目

初级人道主义专家项目（Entry-level Humanitarian Professional，EHP）面向致力于在冲突区域和前线工作的高级人才，为那些由于冲突和迫害而成为难民的人提供保护。每年招收30～50人。

每位EHP在完成相关培训后，会参加P2等级的团队项目，为期2年。最初EHP会和老员工共同处理业务工作；可以参加联合国难民事务高级专员办事处政策和业务、软件应用、写作和口语交流等方面的培训课程；此外，还可以利用广泛的内部培训研讨会，以提高专业技能，助力职业发展。每位EHP都会接到一个为期1年的任务，1年后根据

---

① 关于联合国难民署JPO项目说明，详见：http://www.unhcr.org/junior-professional-officer-programme.html。
② 联合国难民署公开招聘信息官方网站：http://www.unhcr.org/careers.html。
③ 联合国难民署空缺岗位招聘范例：https://public.msrp.unhcr.org/psc/RAHRPRDX/EMPLOYEE/HR/c/HRS_HRAM.HRS_APP_SCHJOB.GBL?FOCUS=Applicant&SiteID=2#_ga=2.66408749.2090421496.1494735864-390328650.1488398101

其表现可能会延长到2年;在任务进行了18个月左右的时候,联合国难民署会对其进行评估,通过评估的人有很大可能被内部招聘的空缺岗位录取。

申请者年龄必须不超过45岁,拥有学士及以上学位,并且有2年相关工作经验。EHP对应聘者语言能力要求比较高,要求有英语或法语C1级及以上的资格证明,和联合国其他工作语言B2级及以上的资格证明,才可以申请这一职位(具体语言资格要求可查询官方网站①)。如果工作语言为申请者母语,则不需要证明。EHP项目招募期间,应聘者可以在EHP项目网站上提交申请表,并根据后续通知参加考核、面试等环节,录取和筛选的过程通常需要4~5个月,被录取的EHP需要在2个月内开始工作。

联合国教科文组织

1. 组织概况

联合国教育、科学及文化组织(简称"联合国教科文组织")成立于1946年,总部位于法国巴黎,目前在全球53个地区办事处和组织中,有来自约170个国家的2000名员工为其工作。2013年郝平当选第37届大会主席,任期2年。联合国教科文组织致力于教育、科学、文化领域的全球合作和交流,从而促进教育普及、保障人权和维持人权可持续发展的必要条件、构建多元无障碍文化环境、保护遗产、使科技发展惠及世界,最终实现世界和平民主、保护人的尊严。联合国教科文组织关注两个全球优先事项:非洲问题和性别平等。位于北京的地区办事处负责中国、朝鲜、日本和蒙古的相关事务。

联合国教科文组织为无烟组织,不招聘吸烟者。薪水通常以美元计算,包括基础工资和补贴。所有正式员工享有30天年假、养老金福利和医疗保险。联合国教科文组织也提供家庭津贴、家庭旅游、未成年子女教育等。

2. 联合国教科文组织求职攻略

(1) 实习

该项目招募20岁以上,全日制本科毕业生(同等效力的机构亦可)、在读研究生,或毕业不超过1年的应届生;要求精通英语或法语;具备出色的计算机及办公软件知识;具备团队写作和交流能力。实习期为2~6个月,有意向进入国际组织实习的高年级本科求职者可多留意联合国教科文组织的实习信息(如表2.17所示)。

表2.17 联合国教科文组织青年入职途径

实习	志愿者项目	顾问制度	YPP项目	JPO项目	空缺岗位招聘
√	/	√	√	√	√

申请者在网站上填写报名表②,其中包含个人信息、教育背景、语言及计算机技能、

---

① 关于联合国难民署EHP项目语言能力要求,详见:http://www.unhcr.org/56fd1f996。
② 联合国教科文组织实习项目官方网站:https://en.unesco.org/careers/internships。

工作经验和对实习的期待。报名表填写只有1个小时,需要提前准备好。每位求职者只能提交1个报名表,待6个月后系统不再保存原报名表,才能进行新的申请。

联合国教科文组织要求实习生自行准备签证;个人负担交通费用及保险,其只提供上限为3万元的伤害险;且赴职前需提供健康证明。2018年3月国家留学基金委开展联合国教科文组织实习人员选派工作(33人),由国家留学基金提供资助和补贴。[1]

(2) 顾问制度

短期招聘具备特殊技能、专业知识的专家,提供咨询、产品或服务,不限地区。

顾问制度专门的页面[2]上有部分招聘信息,并提供具体的申请流程(PDF版);详细招聘信息可以查询空缺岗位招聘网站。

(3) JPO项目

要求32岁以下,具有文化、科学、社会、人文科学或与国际组织管理、行政相关专业的学士学历;精通英语或法语,具备另一种语言的工作知识;掌握其他联合国工作语言可以予以优先考虑;具有专业工作经历者优先考虑。该项目分为在外地办事处的JPO和总部JPO,任期一般为2—3年。[3]

应聘者需要有联合国教科文组织的JPO项目捐助国的国籍,中国现为该项目的资助国。求职者可以到本国政府网页查询信息并进行申请。2017年3月国家留学基金委开展联合国教科文组织JPO选派工作(2人),由国家留学基金委提供资助与补贴。[4]

(4) YPP项目

应聘者也需32岁以下,具有文化、科学、社会、人文科学或与国际组织管理、行政相关专业的学士学历;精通英语或法语,掌握其他联合国工作语言者予以优先考虑;具有专业工作经历优先考虑。[5] 联合国教科文组织需要拥有代表性不足或无代表性的联合国教科文组织成员国国籍的职员。而中国就是目前代表性不足的成员国。代表中国应聘联合国教科文组织,会拥有更高的成功概率。

联合国教科文组织会向国家的代理机构发布通知,后者负责进行推广和初步筛选;随后应聘者递交申请表并由教科文组织筛选、面试。2015年联合国教科文组织共从907名报名者中选拔录用了16名YPP项目人员。

(5) 空缺岗位招聘

想要应聘的求职者可在官网上登记,并直接查询[6],根据具体的要求进行线上报名。

以"水文科学项目专家"职位为例:此职位招募联合国国际水文计划(International Hydrological Programme,IHP)的员工,年薪91 873欧元,主要负责相关领域的综合研究及保障IHP的运行和发展,工作涉及地下水和跨界含水层的教学活动、利用新的科学

---

[1] 2018联合国教科文组织青年专业人员和实习人员选派办法详见官方网站:http://www.csc.edu.cn/article/1203。
[2] 联合国教科文组织顾问制度详见官方网站:http://en.unesco.org/careers/consultant%20and%20experts。
[3] 联合国教科文组织JPO项目说明详见官方网站:https://en.unesco.org/careers/apply。
[4] 2017联合国教科文组织青年专业人员和实习人员选派办法详见官方网站:http://www.csc.edu.cn/article/849。
[5] 联合国教科文组织YPP项目说明详见官方网站:https://en.unesco.org/careers/apply。
[6] 联合国教科文组织空缺岗位查询请访问:https://careers.unesco.org/careersection/2/joblist.ftl。

方法促进水资源综合管理等。要求应聘者拥有水资源综合管理、水文学、环境工程学、水资源工程/科学、水文地质学或相关学科的硕士学位,以及至少7年的相关工作经验(最好包括3年的国际工作经验)。具备优秀的概括、分析、组织能力和团队协作能力;同时,应聘者需要证明自己可以设计并开展水资源训练课程,证明自己有同组织内外各个等级的人员沟通的能力;优秀的口语表达、公文写作和办公软件使用技巧也是必不可少的。在语言能力方面,要求精通英语或法语,并掌握另一门语言。在此基础上,相关专业的博士学位、高级国际教学(包括在发展中国家)的经历、协助政府水文部门的工作经验、在其他水文相关的国际组织或部门的工作经验和掌握其他联合国教科文组织工作语言(阿拉伯语、汉语、俄语、西班牙语)可以成为应聘加分项。

求职故事

> **求职者基本信息介绍:**
> 任×,女,1990年生人
> 北京大学法学学士学位,北京大学国际法法学硕士
> 无工作经验;有国际法院实习经验
> **求职职位:**
> 联合国教科文组织 实习生(国家留学基金委项目CSC)
> **求职经验:**
> -在学习和实习实践中不断积累
> 　　我认为对笔试和面试帮助最大的应该是在北京大学法学院这么多年的学习。在学习过程中,我们要写很多东西。法学院的考试和论文都是非常注重逻辑的,对写作能力要求也非常高。虽然上课时大部分使用中文,但是从内容上来讲,逻辑是相通的。联合国驻北京办事处的实习,以及交换的经历,帮助我提高了英文写作的能力。另外,在国际法院、在海牙的实习项目对我的英文帮助也非常大。作为实习生的我写过非常多英文材料,例如,法庭实录、法院决定、判决书等。
> 　　-实习的收获
> 　　在教科文组织的实习中,我收获最大的是语言能力的提升和工作能力的进步。具体来说,像起草英文文书或者组织策划一些大型项目。另外,在工作的工程中,我认识了很多人,既包括在教科文组织工作了很多年的人,也包括其他国家的实习生。如果有志向从事这一行业或者进入这一机构,通过实习拓展视野,建立人脉,获取信息对未来的求职将有重要价值。
> 　　教科文组织是一个非常多元化的工作环境,我认为这一点是其他机构都难以提供的。即使是在私营领域的跨国公司,其人员组成结构都非常有限,不会像联合国一样能够给你提供一个如此多元、如此国际化的平台。

本章回顾与思考

1. 什么是国际公务员?联合国职员有哪些职类?职级如何划分?

2. 简述联合国职员的薪酬与福利机制,并通过行业调查评估联合国职员的薪酬福利水平。结合个人情况思考联合国职员的薪酬福利对自己是否具有吸引力。
3. 联合国的工作网络包括哪 9 种?分别包含哪些具体职位?结合个人情况,你认为自己适合加入哪些工作网络?
4. 如果想进入联合国工作,你需要具备哪些联合国要求的素质和能力?你准备如何提高自己的素质和能力?
5. 联合国的重要求职途径有哪几种?分别有什么条件和特征?结合自身情况,你认为哪种方式最适合自己?详细了解该途径的应聘方法。
6. 假如你正在争取联合国的实习机会,在准备简历和求职信时有哪些需要注意的事项?
7. 简述联合国驻华办事处实习面试的形式、评分方法及考察的主要内容,并据此谈谈你将如何为面试做准备,在面试过程中应注意什么?
8. 什么是 YPP 考试?YPP 考试由哪些部分构成?
9. 设计表格,归纳世界银行、联合国开发计划署、联合国教科文组织、国际劳工组织、联合国儿童基金会、世界粮食计划署、世界卫生组织、联合国难民事务高级专员办事处的求职渠道。并通过信息收集,了解你感兴趣的联合国附属组织有哪些求职途径。

第三章

不容错过的选择
——其他重要国际组织

作为规模最大、综合性最强,也最为活跃的国际组织,联合国在不少人心中几乎是国际组织的代名词。实际上,根据《国际组织年鉴》,除了联合国之外,国际社会中还活跃着六万余个大大小小的国际组织,它们在全球治理中发挥着重要作用,吸引着无数怀揣梦想的青年。

由于篇幅所限,本书不能一一介绍所有国际组织的求职方法。因此,特根据国际组织影响力、求职代表性、与我国关系的密切程度等标准,本书选择了世界贸易组织、国际原子能机构、国际竹藤组织、亚太经合组织、亚洲基础设施投资银行、红十字国际委员会、世界自然基金会、乐施会八个组织作为案例,通过介绍其组织概况和工作内容,为读者提供联合国之外的国际组织的大体样貌与求职方法等信息。

本章的第一节将首先为大家介绍三个全球性政府间国际组织。这类国际组织尽管综合影响力难比联合国,但都在各自领域中耕耘不辍,不仅为各国政府提供协商平台和合作机制,更是集结了来自全球的优秀人才,因而能从更宏观和专业的视角出发,提供专业、合理、高效的公共产品,促进各国及全球的可持续发展。

第二节将为大家介绍的是区域性政府间国际组织。亚太经合组织和亚洲基础设施投资银行均为我国所处的亚洲地区的区域性国际组织,前者积淀丰富经验,后者酝酿巨大潜能,都旨在为亚太各国的合作和发展创建更好的机制。随着在本地区的影响力和话语权渐长,我国已经从地区内国际组织和国际机制的参与者转型为建设者,也将需要更多人才进入其中,为地区的和平与发展贡献力量。

本章最后一节将着力为大家介绍红十字国际委员会、世界自然基金会和乐施会,它们均属于国际非政府组织。这类组织是近年来发展最为迅速、角色最为活跃的国际组织。根据国际组织年鉴的统计,1909 年国际社会中只有 176 个国际非政府组织,1951 年发展到 832 个,到了 2000 年,获得国际承认的非政府组织总数惊人地发展到 43958 个,大大超过同时期政府间国际组织的数量。随着全球范围内公民社会的壮大和志愿精神的传播,国际非政府组织凭借其政治障碍少、灵活性大、自发性强等优势,开辟出共治难题、共扶弱势的前景。

第一节 全球性政府间国际组织

一、世界贸易组织——经济联合国

1. 中国与世界贸易组织

成立于 1995 年 1 月 1 日的世界贸易组织,与世界银行和国际货币基金组织构成了当今世界经济体系的三大支柱。世界贸易组织的前身是于1948年1月1日生效的关税与贸易总协定。

随着经济全球化的扩展以及全球经济联系的日益紧密,在关税与贸易总协定第八轮多边贸易谈判即"乌拉圭回合"的谈判过程中,参与谈判的成员方明确了"建立一个更为广泛、更强有力、更具有生命力的多边体系"的共同目标。[①] 这轮谈判最终通过了《建立世界贸易组织协定》。根据《建立世界贸易组织协定》,世界贸易组织于1995年1月1日正式成立。[②]

世界贸易组织的成立改变了关税与贸易总协定临时适用和非正式性的状况和地位,使得世界贸易组织成为具有法人地位的正式的国际组织。[③]

世界贸易组织的目标是建立一个完整的包括货物、服务、与贸易有关的投资及知识产权等更具活力、更持久的贸易体系。为了实现上述目标,《建立世界贸易组织协议》规定了世界贸易组织的一系列职能。职能主要包括以下5点:第一,组织和实施世贸组织负责管辖的各项贸易协定、协议;第二,为成员提供处理各协定、协议有关事务的谈判场所,并为世贸组织发动多边贸易谈判提供场所、谈判准备和框架草案;第三,解决各成员国之间的贸易争端,负责管理世界贸易组织争端解决协议;第四,对各成员方的贸易政策、法规进行定期审评;第五,协调与国际货币基金组织和世界银行等国际经济组织的关系。[④]

为实现其职能和目标,世界贸易组织进一步完善了组织结构。如图3.1所示,世界贸易组织的最高权力机构是部长级会议(Ministerial Conference)。部长级会议下设总理事会(General Council)和秘书处(Secretariat),负责世界贸易组织的日常会议和工作。其中,总理事会负责在部长级会议休会期间对世界贸易组织的日常领导和组织。总理事会下设3个理事会——货物贸易理事会(Council for Trade in Goods)、服务贸易理事会(Council for Trade in Services)和与贸易有关的知识产权理事会(Council for Trade-Related Aspects of Intellectual Property Rights)。除了在总理事会下设三大理事会之外,部长级会议还设立各个专门委员会、争端解决机构(Dispute Settlement Body)与贸易政策审议机构(Trade Policy Review Body)。此外,秘书处是世界贸易组织的日常办事机构,而秘书处的负责人——总干事(Director General)是世界贸易组织的行政首脑。需要说明的是,总干事由部长级会议直接任命,因此这里将秘书处置于部长级会议之下。[⑤] 另外,世界贸易组织的参加成员被称为成员方,而非成员国。

---

① 刘辉群:《世界贸易组织》,厦门:厦门大学出版社2014年版,第12页。
② World Trade Organization,"*The multilateral trading system—past, present and future*",https://www.wto.org/english/thewto_e/whatis_e/inbrief_e/inbr01_e.htm.(最后访问时间:2018年4月26日)
③ 刘辉群:《世界贸易组织》,厦门:厦门大学出版社2014年版,第15页。
④ 白树强:《世界贸易组织教程》,北京:北京大学出版社2009年版,第28-29页。
⑤ 隋军、邢延龄:《世界贸易组织法教程》,北京:对外经济贸易大学出版社2011年版,第72-76页。

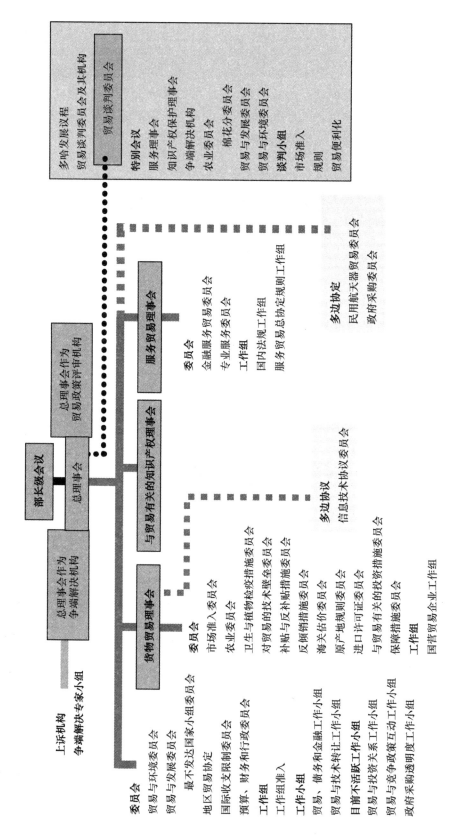

图 3.1 世界贸易组织组织结构①

① 资料来源：World Organization, "WTO Organization Chart", https://www.wto.org/english/thewto_e/whatis_e/tif_e/organigram_landscape_e.pdf

第三章 不容错过的选择——其他重要国际组织

在世界贸易组织成立之初,中国并不是世界贸易组织的成员方。经过十余年的谈判,2001年12月11日,中国终于正式加入世界贸易组织,成为其第143个成员(如图3.2所示)。① 在加入世界贸易组织之后,中国不但在各个领域积极适应世界贸易组织规则,而且努力提升本国在世界贸易组织中的地位。例如,2013年8月17日,易小准被阿泽维多任命为副总干事,成为首位来自中国的世贸组织副总干事。②

图3.2 中国加入世界贸易组织签字仪式

2001年11月11日,在卡塔尔首都多哈举行了中国加入世界贸易组织议定书签字仪式。这是中国外经贸部部长石广生(前中)代表中国政府在中国加入世界贸易组织的议定书上签字。新华社记者王建华摄③

历史时刻:中国入世谈判之中美谈判——龙永图越级电话

中国入世谈判中的最关键一环就是对美谈判。中美最后一次谈判进行地并不顺利。不得不提,龙永图的智慧和中央领导的决断对中美谈判的成功起到了重要作用。

在1999年11月15日,也就是中美谈判最后一天的凌晨4点,中美两方代表团举行了"工作会议"。期间,美国谈判代表团提议,把这些年达成的协议逐一进行校对,直到每一个标点。这时,龙永图意识到,美方有签署协议的愿望。

当时的情况是,由于之前的谈判进行地并不顺利,美方的代表已经说他们预定了15日上午10点钟的飞机返回美国。

由于看到了美国有签署协议的愿望,龙永图决定越级向朱镕基总理汇报。朱镕基总理在9点半左右给龙永图回了电话。当时,朱总理问了龙永图一个问题:美国到底愿不愿意签?龙永图回答说,他们是想签的。龙永图向朱镕基总理汇报说,美方代表已经开始跟我校对文本了,这说明他们准备签了。朱镕基总理在向龙永图说明要拖住美方代表

---

① 中央政府门户网站:"12月11日:中国正式加入世界贸易组织",http://www.gov.cn/lssdjt/content_2287286.htm。(最后访问时间:2018年4月26日)

② 环球网:"世贸组织任命首位中国人副总干事",http://world.huanqiu.com/exclusive/2013-08/4256850.html。(最后访问时间:2018年4月26日)

③ 图片来源:人民网:"多哈专电:中国签署加入世贸组织议定书",http://www.people.com.cn/GB/jinji/31/179/20011112/602725.html。(最后访问时间:2018年4月26日)

之后,亲自赶赴谈判现场,促成了协议的签署。

也许没有这个电话,中美双方在那次谈判中就不会达成协议;也许这次谈判没有达成协议,中美的谈判将拖延很长时间。美方谈判代表巴尔舍夫斯基在回顾这次谈判时曾说过,"如果在那天没有达成的话,会拖很长的时间"。①

龙永图的这个电话帮助中美达成了协议,也使得中国在 2001 年成功加入了世界贸易组织,为经济的进一步发展创造了更加有利的国际条件。

2. 人员招聘

特　　　点：人数少,分为工作人员招聘和实习生招聘
注意事项：对求职者年龄、学历、语言、专业有一定要求

世界贸易组织公开招聘人员数量较少。一方面,世界贸易组织公开招聘少量的正式工作人员;另一方面,世界贸易组织也招收一定数量的实习生。

（1）工作人员招聘

就世界贸易组织的组织结构而言,秘书处为世界贸易组织的日常办事机构,也是唯一常设机构。因此,成员方的公民如果想要进入世界贸易组织,主要进入的机构就是秘书处。但是,秘书处成员仅有大约 500 人。其中,秘书处的领导——总干事是由部长会议任命的,而非公开招聘产生的。秘书处的一般工作人员是由总干事指派,会进行一些公开招聘。②

根据世界贸易组织官方网站的说明,由于秘书处人员更新速度慢,因此世界贸易组织秘书处会不定期招收少量工作人员。空缺职位会进行公开招聘以及为期数月的选拔。选拔包括在日内瓦进行的面试以及笔试考试。

申请者基本条件：

① 来自世界贸易组织成员方的公民,不超过 65 岁;

② 申请者需在最后期限前提交申请,需要符合岗位具体条件规定。

申请者具体条件：

① 申请者应具备研究生学历,主修经济、国际关系、国际法等相关专业,并侧重贸易方面;

② 申请者应具有至少 5 年在政府、国际组织或者在其他组织和企业的工作经验,所在工作单位应与贸易政策、国际贸易关系有关;

③ 由于世界贸易组织的官方语言为英语、法语以及西班牙语,因此申请者最好掌握其中的两门语言,特别是法语;

④ 由于世界贸易组织工作人员需要准备报告、进行研究分析（经济和法律相关）,参与会务准备,以及其他成员方代表合作,因此申请者应该具备良好的起草文件能力。

此外,世界贸易组织还招聘其他类别的工作人员,例如行政人员、信息科技人员以及

---

① 参见凤凰网:"龙永图回忆朱镕基总理决断中美入世谈判内幕（图）",http://finance.ifeng.com/news/macro/20111121/5106827.shtml.（最后访问时间：2018 年 4 月 26 日）

② 赵峰：《世界贸易组织》,上海：立信会计出版社 2012 年版,第 13 页。

翻译人员。这些工作人员也需要申请者具备很高的学历以及对口的专业方向。①

薪资待遇：

世界贸易组织工作人员的薪资免税，还可凭借优异的表现获得额外津贴；同时，每年薪资根据其他国际组织的薪资调整进行相应的调整。

除薪资外，工作人员还可获得津贴——工作合计5年以下的工作人员可获得一次性提款结算（扣除10%养老抚恤金）；工作5年以上的工作人员将有机会拿到延迟退休金，提前退休金以及正常退休金（根据离开时的年纪而定）；按照相关规定，工作人员于65岁退休，在年满60岁之后有机会退休。②

（2）实习生招聘

世界贸易组织也招纳少量的实习生。实习生需为研究生。根据世界贸易组织官方的描述，世界贸易组织愿意招纳那些希望借此工作机会获得实际经验或者希望获得对多边贸易系统的更深入了解的应聘者。

其中，世界贸易组织实习计划（Accessions Internship Programme，AIP）是由中国政府赞助的，每年平均配给4个名额。

实习基本信息：

① 实习的申请持续开放，无开始日期和结束日期；
② 实习时长不超过24周；
③ 实习生将被其所在部门分配相关工作，以增加对世界贸易组织以及贸易政策的了解。

申请者条件：

① 申请者需为来自成员方的年龄在21~30岁的公民；
② 申请者完成本科学习（主修经济、法律、政治科学、国际关系等相关专业），并完成至少1年的研究生学习。

工作基本情况：

如果申请者通过选拔成为正式的实习生，将在日内瓦进行不超过24周的工作；

实习生将获得每天60瑞士法郎的补贴，并享有节假日和周末（旅行费自己承担）；

另外，实习生在保密要求、工作安排等方面与正式工作人员相同。③

---

① World Trade Organization, "General information on recruitment in the World Trade Organization", https://www.wto.org/english/thewto_e/vacan_e/recruit_e.htm。（最后访问时间：2018年4月26日）
② World Trade Organization, "*WTO Compensation Package*", http://www.wto.org/english/thewto_e/vacan_e/comp_package_e.pdf。（最后访问时间：2018年4月26日）
③ World Trade Organization, "*Internship*", https://erecruitment.wto.org/public/hrd-cl-vac-view.asp?jobinfo_uid_c=3475&vaclng=en。（最后访问时间：2018年4月26日）

二、国际原子能机构——和平利用原子能

1. 中国与国际原子能机构

在美国的大力推动下,成立国际原子能机构的建议被提上日程。《国际原子能机构规约》于1956年10月23日在联合国总部举行的会议上获得通过,并于1957年7月29日正式生效。在规约生效的同时,国际原子能机构正式成立。[①] 作为一个与联合国系统相关的独立国际组织,国际原子能机构每年需向联合国大会报告,并就相关国家不遵守有关国家保障义务,及就国际和平与安全相关事项在适当时向安全理事会报告。国际原子能机构在战略计划和原子能机构规约所规定的远景目标指导下开展相关工作,以尽力满足成员国的利益和需求。安全与安保、科学与技术、保障与核查是国际原子能机构的三大支柱和工作领域。[②] 国际原子能机构所开展的工作得到了很多国家的支持与帮助。根据国际原子能机构官网提供的数据,截至2016年2月,国际原子能机构已经吸纳了168个成员国。[③]

为保障国际原子能机构工作的顺利开展,《国际原子能机构规约》规定了国际原子能机构的结构。在实践中,国际原子能机构的运行机制进一步完善。如图3.3所示,国际原子能机构由权力机构、执行机构以及管理机构这三级机构组成。国际原子能机构大会(International Atomic Energy Agency General Conference)是权力机构,负责议事和决策;理事会(Boardof Governors)是执行机构,主要负责执行大会通过的决议;秘书处(Secretariat)是管理机构,其领导者总干事(Director General)为国际原子能机构的行政首长。[④]

国际原子能机构的总部设在奥地利维也纳,工作现场和联络办公室设在加拿大多伦多、瑞士日内瓦、美国纽约和日本东京。此外,还有一些支持国际原子能机构的研究中心和科学实验室,包括奥地利维也纳和塞伯斯多夫实验室、摩纳哥实验室和意大利的里亚斯特中心。[⑤]

在国际原子能机构成立之初,中国并不是国际原子能机构的成员。直到1984年,中国才成为国际原子能机构的正式成员国。[⑥] 在与国际原子能机构三十余年的合作中,中

---

① 高宁:《国际原子能机构与核能利用的国际法律控制》,北京:中国政法大学出版社2009年版,第12-14页。
② 联合国官方网站:"国际原子能机构",http://www.un.org/zh/aboutun/structure/iaed。(最后访问时间:2018年4月26日)
③ International Atomic Energy Agency,"List of Member States", https://www.iaea.org/about/governance/list-of-member-states。(最后访问时间:2018年4月26日)
④ 高宁:《国际原子能机构与核能利用的国际法律控制》,北京:中国政法大学出版社2009年版,第19-23页。
⑤ 中国核科技信息与经济研究院:《国际原子能机构》,载《国际原子能机构通报》2010年第1期,第57-59页。
⑥ 新华网:"中国代表在国际原子能机构大会上阐述中国观点",http://news.xinhuanet.com/mil/2016-09/27/c_129300786.htm。(最后访问时间:2018年4月26日)

国既发展了自身的核电技术,也积极配合国际原子能机构,在加强国际核安全体系、促进世界核能开发等方面做出了积极贡献。

组织结构图
2014 年 12 月 31 日版

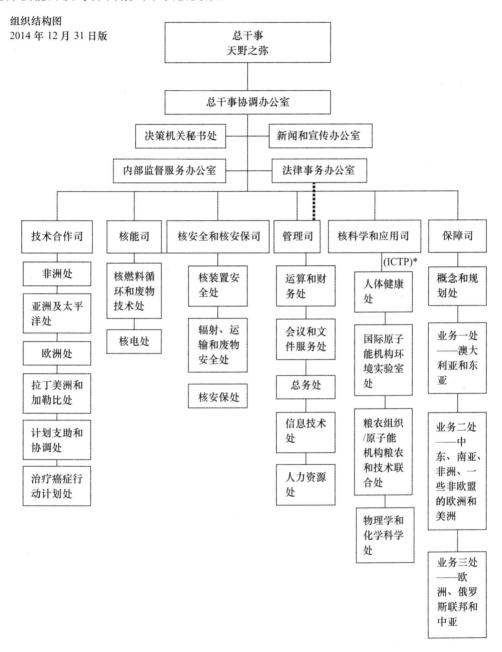

*Abdus Salam国际理论物理中心(ICTP)(The Abdus Salam International Centre for theoretical physics)在法律上被称为"国际理论物理中心(International Centre for Theoretical Physics)",由教文组织和该机构作为联合计划运作。教文组织代表两个组织进行管理。

图 3.3　国际原子能机构结构[①]

---

① International Atomic Energy Agency,"*Organizational Chart*",https://www.iaea.org/sites/default/files/org-chart_9.pdf.(最后访问时间:2018 年 4 月 26 日)

一方面,中国通过自身的探索以及与国际原子能机构的合作,发展壮大了中国核工业。具体来说,中国在核电建设、核安全监管体系建设、核能技术开发等方面取得了巨大进步。中国不仅形成了较为完整的、自主的核燃料循环体系,而且已经建立起了与国际接轨的、较为完备的核安全监管和核应急管理体系。[1]

另一方面,中国支持国际原子能机构在核安全国际合作中的核心地位,并在通过自己努力加强国际核安全体系的同时,推动全球核能的开发。中国从政治、技术和资金等各个方面支持国际原子能机构的工作,维护国际原子能机构在核安全国际合作中的核心地位。

第一,中国与国际原子能机构在核材料安保、放射源监管、核与辐射应急响应等领域积极开展合作,既推荐中国专家参加国际原子能机构核安全文件的制定,也与国际原子能机构一起在中国举办核安全培训班。同时,中国还加入了国际原子能机构核应急与响应救援国际网络。第二,中国支持国际原子能机构开展核安全国际实物保护咨询服务。例如,2015年9月,中国正式邀请国际原子能机构对中国开展国际实物保护咨询服务,并于2016年正式启动服务。2016年,中国邀请国际原子能机构对中国开展核与辐射安全监管综合评估后续行动。第三,中国不断向国际原子能机构核安全基金捐款,用于支持中国和亚洲地区其他国家的核安全能力建设。近年来,中国不仅持续增加捐款数额,并且继续捐赠中国研发的核安全设备。[2]

2. 人员招聘

特　　　点:人数少,分为业务类人员、一般事务人员、青年专业人员、专家和顾问
注意事项:对求职者年龄、国籍、学历、语言、专业要求以及工作时间有一定要求

根据国际原子能机构官网资料显示,国际原子能机构共招收5类工作人员:业务类人员(专业人员),一般性事务人员(行政、科学和技术支持),青年专业人员,专家和顾问,实习生。[3]

(1) 业务类人员(Professional Staff)

这些人员或作为专家独立进行研究,或利用专家的成果而开展具体工作,例如制定相关标准。总体而言,业务类人员要能够融入跨学科的国际团队中,并具备与国际原子能机构工作密切相关的专业素质。[4]

业务类人员共分为五级,不同级别的工作人员的工作内容与申请要求不同(如表3.1所示)。

---

[1] 国家国防科技工业局官方网站:"许达哲在国际原子能机构第58届大会上的讲话",http://www.sastind.gov.cn/n112/n117/c413342/content.html。(最后访问时间:2018年4月26日)

[2] 人民网:"中国在核安全领域的进展报告",http://world.people.com.cn/n1/2016/0331/c1002-28242612.html。(最后访问时间:2018年4月26日)

[3] International Atomic Energy Agency "*Types of Employment*",https://www.iaea.org/about/emplment/types-of-employment.(最后访问时间:2018年4月26日)

[4] International Atomic Energy Agency,"*Professional staff*",https://www.iaea.org/about/employment/professional-staff.(最后访问时间:2018年4月26日)

表 3.1　不同级别业务类人员工作内容及申请要求[①]

项目	P1	P2	P3	P4	P5
工作内容					
工作内容	参加项目执行，积累工作经验	参加项目执行，积累工作经验	发起和执行国际原子能机构项目，(作为领导者)获得更多的专业经验	战略的制定和执行，管理预算领导责任	战略的制定和执行，管理预算领导责任
申请要求					
工作经验	不需要	2年相关工作经验	5年相关工作经验	7~10年相关工作经验，人力资源管理经验	15年相关工作经验，人力资源管理经验
语言能力	精通英语；最好熟练掌握其他工作语言(包括阿拉伯语、汉语、法语、俄语、西班牙语)	精通英语；最好熟练掌握其他工作语言(包括阿拉伯语、汉语、法语、俄语、西班牙语)更好	精通英语；最好熟练掌握其他工作语言(包括阿拉伯语、汉语、法语、俄语、西班牙语)	精通英语；最好熟练掌握其他工作语言(包括阿拉伯语、汉语、法语、俄语、西班牙语)	精通英语；最好熟练掌握其他工作语言(阿拉伯语、汉语、法语、俄语、西班牙语)
其他能力	极强的分析能力；在跨学科、多元文化团队中工作能力；出色的沟通能力；熟练使用办公软件	极强的分析能力；在跨学科、多元文化团队中工作能力；出色的沟通能力；熟练使用办公软件	极强的分析能力；在跨学科、多元文化团队中工作能力；出色的沟通能力；熟练使用办公软件	极强的分析能力；在跨学科、多元文化团队中工作能力；出色的沟通能力；熟练使用办公软件	极强的分析能力；在跨学科、多元文化团队中工作能力；出色的沟通能力；熟练使用办公软件
学历要求	大学毕业	大学毕业	大学毕业	研究生毕业	研究生毕业

对于业务类人员来说，工作周期为3年。工作周期可以得到延长，不超过2年。也就是说，工作周期不会超过5年。有一种例外情况：暂时抽调的行政、科学技术领域的工作人员，其工作时长为1个月到1年。[②]

国际原子能机构官方网站还对申请程序进行了以下的附加说明：

① 申请者需来自由国际原子能机构认定的、受到官方承认的大学和机构；

② 在得到申请者允许的情况下，国际原子能机构会向申请者当前的雇主询问有关情况；

③ 在申请通道正式关闭之前，国际原子能机构不会拒收申请者的申请材料；

④ 被挑选出的申请者不仅可能会接受3个月的评价或者审查，也可能会接受其他

---

① 根据国际原子能机构官方网站相关说明整理而成。

② International Atomic Energy Agency, "*Professional staff*", https://www.iaea.org/about/employment/professional-staff. (最后访问时间：2018年4月26日)

的审查和评价,总审查期一般为6~9个月。①

（2）一般性事务人员（General Staff）

国际原子能机构共包含大约1100名一般性事务性人员。这些人员为国际原子能机构提供行政、科学和技术支持。值得注意的是,这类工作人员需要是来自工作地点所在国的公民。②

对于一般性事务人员主要存在以下两类职位：

第一类是临时性职位。在现有工作人员出现生病状况或者工作任务十分繁重时,国际原子能机构会补招一定数量的短期行政人员秘书。

第二类是固定职位。固定职位的工作时长通常为1年,前6个月可能是试用期。

这些固定职位包含不同类别的工作职位及对应的申请要求。

申请者总体要求：申请者需具备高中及以上学历；申请者需具有几年的相关工作经验。③

具体的工作职位以及对应的申请要求如表3.2所示。④

表3.2　一般性事务人员不同类别工作职位及对应的申请要求⑤

项目	P1	P2	P3	P4	P5
工作内容					
工作内容	参加项目执行,积累工作经验	参加项目执行,积累工作经验	作为领导者发起和执行国际原子能机构项目；获得更多的专业经验	战略的制定和执行；管理预算；领导责任	战略的制定和执行；管理预算；领导责任
申请要求					
工作经验	不需要	两年相关工作经验	五年相关工作经验	七至十年相关工作经验；人力资源管理经验	十五年相关工作经验；人力资源管理经验
语言能力	精通英语,最好熟练掌握其他工作语言（包括阿拉伯语、中文、法语、俄语、西班牙语）	精通英语；最好熟练掌握其他工作语言更好（包括阿拉伯语、中文、法语、俄语、西班牙语）	精通英语；最好熟练掌握其他工作语言（包括阿拉伯语、中文、法语、俄语、西班牙语）	精通英语；最好熟练掌握其他工作语言（包括阿拉伯语、中文、法语、俄语、西班牙语）	精通英语；最好熟练掌握其他工作语言（阿拉伯语、中文、法语、俄语、西班牙语）

---

① International Atomic Energy Agency,"*Professional staff*",https://www.iaea.org/about/employment/professional-staff.（最后访问时间：2018年4月26日）

② International Atomic Energy Agency,"*General Staff Service*",https://www.iaea.org/about/employment/general-service-staff.（最后访问时间：2018年4月26日）

③ International Atomic Energy Agency,"*General Staff Service*",https://www.iaea.org/about/employment/general-service-staff.（最后访问时间：2018年4月26日）

④ 同上。

⑤ 根据国际原子能机构官方网站相关说明整理而成。

续表

项目	P1	P2	P3	P4	P5
申请要求					
工作经验	不需要	两年相关工作经验	五年相关工作经验	七至十年相关工作经验；人力资源管理经验	十五年相关工作经验；人力资源管理经验
其他能力	极强的分析能力；在跨学科、多元文化团队中工作能力；出色的沟通能力；熟练使用办公软件	极强的分析能力；在跨学科、多元文化团队中工作能力；出色的沟通能力；熟练使用办公软件	极强的分析能力；在跨学科、多元文化团队中工作能力；出色的沟通能力；熟练使用办公软件	极强的分析能力；在跨学科、多元文化团队中工作能力；出色的沟通能力；熟练使用办公软件	极强的分析能力；在跨学科、多元文化团队中工作能力；出色的沟通能力；熟练使用办公软件
学历要求	大学毕业	大学毕业	大学毕业	研究生毕业	研究生毕业

（3）青年专业人员（Young Professionals）

青年专业人员，也就是通过选拔的初级业务官员（Junior Professional Officer，JPO）。这些青年专业人员需要在资深工作人员的指导下完成相关工作。

申请者条件：

① 申请者应在 32 岁以下；

② 申请者需要是来自与国际原子能机构签署 JPO 协议的成员国：奥地利、加拿大、芬兰、法国、德国、意大利、挪威、韩国、俄罗斯、美国；

③ 申请者应具有工程、物理、化学、生物、水文（水利）、农业、营养、药物、计算机、信息科学、审计、金融、人力资源管理、法律、图书馆科学、公关专业的学位；

④ 申请者应具有至少 2 年的相关工作经验。

青年专业人员的工作周期为 1～2 年。[①]

需要说明的是，中国目前仍未与国际原子能机构签订该协议。也就是说，中国公民目前没有通过该项目进入的可能。

（4）专家和顾问（Experts and Consultants）

国际原子能机构会临时招聘顾问和专家，从事短期工作。[②] 这些顾问和专家一般都是行业资深人士。

（5）实习生（Interns）

国际原子能机构希望通过招聘实习生为国际原子能机构培养储备人才。通常来说，实习的时长不少于 3 个月，不多于 1 年。即使在特殊情况下，实习生也必须工作满 1 个

[①] International Atomic Energy Agency,"*Junior Professional Officer Programme*", https://www.iaea.org/about/employment/junior-professionals。（最后访问时间：2018 年 4 月 26 日）

[②] International Atomic Energy Agency,"*Consultants and Experts*", https://www.iaea.org/about/employment/consultants-and-experts。（最后访问时间：2018 年 4 月 26 日）

月。在实习期间,实习生需要接受项目负责人的理论指导并且遵守相关规则、规章、指示和程序。

申请者基本条件:

① 申请者应年满 20 岁,并且至少完成了 3 年的大学(或者相关机构)学习;

② 申请者应在学士、硕士、博士毕业 1 年内申请。

③ 申请者不一定具有国际原子能机构的实习经历。

申请者考核方式:

① 申请者需要经过英语考试(口试+笔试);

② 如果申请者掌握其他语言(阿拉伯语、汉语、法语、俄语和西班牙语),将具有优势;

③ 申请者需具有出色的沟通技能、团队精神以及在多元文化、多语言环境下工作的能力;

④ 申请者可能需要掌握所申请工作相关学科的知识。

申请者资助:

申请者在没有第三方(学校、机构等)资助的情况下,会获得 500 欧元的补贴;如果实习生需要自己寻找住房,将另外获得 500 欧元的补贴。需要注意的是,这些补贴不是薪资,但是可以满足实习生基本生活所需。

申请程序:

申请者需要填写网上报名表,回答问题,并提供两封签名推荐信(须有电子签名)。[①]

希望读者注意的是,国际原子能机构的空缺职位会在网站公开发布。网站地址:https://iaea.taleo.net/careersection/ex/jobsearch.ftl。

三、国际竹藤组织——首个总部设在中国的政府间国际组织

1. 国际竹藤组织概况

国际竹藤组织缔约于 1997 年,是第一个总部设在中国的独立非营利性政府间国际组织。该组织旨在通过竹藤可持续管理,来推动更广泛的自然资源管理与社会经济能力建设,并组成一个国际网络,来改善竹藤资源生产者与消费者的生活条件。该组织总部位于北京市朝阳区,其 4 个区域办事处分布于印度、埃塞比亚、加纳和厄瓜多尔。国际竹

---

① International Atomic Energy Agency,"IAEA Internship Programme",https://www.iaea.org/about/employment/internships。(最后访问时间:2018 年 4 月 26 日)

藤组织的 42 个成员国大多数由拥有竹藤资源的发展中国家(Global South)组成,主要分布在亚洲、非洲,以及拉美地区。国际竹藤组织在开展实际工作时与大量其他国际组织、地区组织和国内组织保持联系。从 20 年前创立之初开始,国际竹藤组织已在 20 多个国家开展项目,并在超过 80 个国家开展高效利用竹藤的活动。2015 年 9 月,国际竹藤组织发起了新项目——全球竹藤评估计划(the Global Assessment of Bamboo and Rattan,GABAR)。国际竹藤组织 2015—2030 战略与联合国可持续发展目标(SDGs)以及里约公约相关目标相结合,与国际社会保持着密切的互动。[①]

2. 人员招聘

特　　　点：开放岗位较多;中国青年职员备受青睐
注意事项：多数岗位要求求职者在林业与能源等领域具有专业能力;除官网外,可关注高校人才网、智联招聘等专门信息网站

据资料显示,国际竹藤组织共开放有 6 个层级的岗位,分别是:国际项目主管(Global Program Director),项目经理(Program manager),全球竹藤评估计划协调员(Global Assessment of bamboo and rattan coordinator),拉美与加勒比地区技术高级职员(Technical Officer-Latin America and Caribbean),训练助理(Training Assistant),以及成员事务高级职员(Membership Affairs Officer)。其中,前 4 项普遍需要较深的学历背景与工作经验,而后 2 项对于青年准备与申请更加适宜。

值得注意的是,国际竹藤组织的招聘信息,特别是实习信息,除了官网以外,一般也会挂在高校人才网、智联招聘等专门信息网站上。这些渠道也是走向该组织实习的重要途径。

(1) 工作地点与时间

由于 4 个区域办事处的设立,国际竹藤组织职员除在北京工作外,还可能会有在海外工作的机会。例如,官网当前招募的项目经理办公地点在埃塞俄比亚的亚的斯亚贝巴,供职时间为一年半,包含 6 个月试用期。拉美与加勒比地区技术高级职员工作地点在厄瓜多尔的基多,工作期限为 14 个月,包含 2 个月试用期。全球竹藤评估计划协调员的工作地点在北京,工作期限为 2 年,包含 6 个月试用期。每个岗位具体的工作时间与地点各不相同,需在查阅招聘启事时特别留意。

(2) 工作职责

由于国际竹藤组织的工作职责涉及特殊的专业领域。在工作内容上,高层职位主要负责制订计划、组织信息收集、对现状进行评估、并促成与其他相关领域组织的密切合作与协调;而基础职位则更多地承担联系、协调、会务等具体行政工作。表 3.3 以 3 种职位为例,列举其主要工作职责,供读者参考。

---

① 更多相关信息,详见国际竹藤组织官方网站:http://www.inbar.int。

表 3.3 国际竹藤组织各职位工作职责举例

工作职位	项目经理(Program Manager)	拉美与加勒比地区技术高级职员(Technical Officer-Latin America and Caribbean)	培训助理(Training Assistant)
工作职责	a. 为全球竹藤评估(GABAR)制定一份2017/2018年工作计划,计划需具有明确的目标,产出和成果 b. 与联合国环境署(UNEP)、粮农组织(FAO)、国际农业研究磋商小组(CIFOR)、国际农业研究中心(ICRAF)等重要战略性国际合作伙伴协同进行全球竹藤工作评估,完善全球竹藤评估(GABAR)计划的范围和框架,确保该框架与国际竹藤组织(INBAR)的新战略和可持续发展目标相符合 c. 与中国国家林业局及国际竹藤中心(ICBR)紧密合作,确保全球竹藤评估(GABAR)支持中国竹藤计划,确定中国合作伙伴对全球竹藤评估的支持 d. 协调和联络42个成员国和粮农组织森林资源评估联系人,收集有关的政府统计数据 e. 通过伙伴机构和国际网络协调和监督、收集、处理和分析国家、区域和全球各级竹藤资源的信息,以及竹藤资源管理、使用和生态系统服务信息 f. 监督和协调INBAR成员国进行GABAR评估的能力需求评估等	● 协助区域协调顾问准备、开发、实施、监测和评估竹藤项目,提供技术投入和协调评估 ● 审查相关文件和报告,确定重点与热点,指出问题,并提出改进措施 ● 针对国际组织正在进行的和计划进行的项目写作各种文件,例如背景文书、分析报告、技术报告、研究报告及其他出版物等 ● 设计和协调培训工作坊、进展报告、研讨会、组织推广展示 ● 参与现场的任务,包括为外部顾问、为国际竹藤组织职员和利益相关者提供指导与建议 ● 支持预算和资金发展相关的活动(预算的编制和提交进度报告、财务报表)等	● 帮助寻找、联络现有和潜在的全球培训合作伙伴 ● 与国际竹藤组织的培训合作伙伴和机构保持定期联系 ● 协调与组织会议、联系与培训学习相关的行程 ● 为国际竹藤组织的培训活动进行数据收集、输入和维护工作,包括培训合作伙伴和培训师的信息、校友、技术等 ● 在上级指导下、负责培训的准备与执行工作,包括但不限于参与者招募服务 ● 进行期间提供解释和后勤服务 ● 帮助管理者网络、输入、维护国际竹藤组织全球专家网络;帮助维护数据库和网络系统,以及专家网络的线下互访交换和交流活动 ● 翻译、编辑最新的培训资料包和TOTEMs基于培训材料准备包括PPT等

表 3.4 国际竹藤组织各职位申请条件

工作职位	项目经理（Program Manager）	全球竹藤评估计划协调员（Global Assessment of bamboo and rattan coordinator）	拉美与加勒比地区技术高级职员（Technical Officer-Latin America and Caribbean）	培训助理（Training Assistant）	成员事务高级职员（Membership Affairs Officer）
申请条件	●拥有至少5年运营大型环境开发项目的经验，最好有在东非工作的经验 ●有能力开发农艺和企业模型、制定商业计划 ●拥有自然资源管理、价值链开发和市场营销方面的专业知识 ●拥有社区发展和鼓励参与的知识并能提供相关工作经历证明 ●优秀的英语书面和口语能力，会法语者优先考虑 ●愿意接受去非洲国际竹藤组织办公室工作的差旅	●林业、自然资源或相关领域本科以上学位 ●至少7年在自然资源管理、评估或库存方面的工作经验 ●在发展中国家或转型国家富有经验者能提供证明 ●流利的书面和口头英语是必备条件。会中文、法语和西班牙语者优先考虑 ●拥有调度竹藤组织其他地方语言工作经验 ●拥有统计、森林清查和/或遥感和地理信息系统的专业知识 ●良好的沟通和表达能力	●有农业、环境科学、林业、自然资源管理或相关领域大学文凭者优先 ●具有6年规划和实施可持续农业、林业发展项目及方案的相关经验；拥有与政府合作的相关政府机构、非政府组织及其他国际组织合作的工作经历并能提供证明 ●对所有微软Office软件（Word, Access, Excel, PowerPoint 和 Outlook-Express）有一定的掌握 ●西班牙语及与工作相关的英语流利，葡萄牙语也会考虑 ●在多个地点或地区工作经验；在可持续治理、可减少灾害风险相关领域有一定的相关经验 ●结果导向型、领导力、沟通力、宣传能力、能知识共享、持续改进和拥有战略思维	●英语或国际事务专业本科以上学历、其他相关专业也可 ●有森林管理与利用、社会发展、环境保护相关领域知识和经验者优先 ●有相关国际组织、政府机构或非政府中国政府部门工作经验者优先 ●出色的英语听、说、读、写能力 ●基本的电脑操作技能，例如使用微软 Word, Excel, PowerPoint, Adobe PS 图像处理软件等 ●主动、创新、细心、有序，努力工作的强烈意愿 ●在高压环境下的抗压能力 ●培训需要经常出差，因此申请人需要对出差有一定适应力	●英文或国际合作专业的硕士研究生 ●具有优秀的英文阅读和写作能力、第二语言是西班牙语者将优先考虑 ●具有逻辑和批判性组织思想的能力 ●能够组织自己的工作，在期限内保证高效地工作 ●保证在总部每周至少3天的工作时间 ●能够出色地使用 Word, Excel, Power Point 等软件者优先

（3）申请条件

与其他国际组织相似,国际竹藤组织对于职员在教育背景、工作经验、语言能力、信息处理技能,以及核心价值观与素质上都有较为明确的要求,特别是部分岗位对于林业与可持续发展有特殊的专业要求。个别在海外的岗位,对于会小语种的求职者有特别的青睐。表3.4列举5种职位的主要申请条件,读者可以自行比较,并以此为架构对于此类国际组织招募人才的要求形成更为深入的认识。

由此可见,尽管不同职位的要求各有一定的偏好,但诸如语言能力、计算机基本操作技术、国际合作与沟通等能力,是多数职位所必需的。因此,在林业与能源等领域有专长的求职者在准备该组织求职的过程中,应着重发展这些基本素质。

第二节　区域性政府间国际组织

一、亚太经合组织——亚太地区最具影响的经济合作官方论坛

1. 中国与亚太经合组织

亚太经合组织成立于1989年,其构想最初由澳大利亚前总理鲍勃·霍克于1989年1月31日在韩国首尔的演讲中公开提出。该组织旨在通过鼓励经济技术合作,倡导更加自由开放的跨境投资与贸易,以促进亚太地区平衡、包容、创新、稳定的增长,并建设可持续发展的未来。近三十年来,亚太经合组织为推动和加速区域经济一体化,建立一个和谐与充满活力的亚太经济体发挥了突出作用。该组织目前有包括中国在内的21个成员国,涵盖约28亿人口,占世界国内生产总值约59%,2015年占世界贸易额49%,是亚洲与太平洋地区最重要的区域论坛之一。①

中国是亚太经合组织积极的参与者与建设者。1991年11月,在韩国首尔召开的第三届亚太经合组织部长级会议接纳中国为亚太经合组织成员。自此,在国际形势发生重大变化、国内改革开放的时代背景下,参与亚太经合组织为我国开始区域经济合作、学习借鉴其他成员国经验,并促进国内的体制改革提供了有利机遇,成为20世纪90年代中国经济外交的重要举措。自1993年起,中国国家元首在历届亚太经合组织领导人非正式会议曾对亚太区域合作的优先事项、需要认真探索和解决的重大问题提出过看法和

---

① 更多相关信息,详见亚太经合组织官方网站:https://www.apec.org/About-Us/About-APEC。

具体建议,并将"亚太经合组织方式"总结为:承认多样性,强调灵活性、渐进性和开放性;遵循相互尊重、平等互利、协商一致、自主自愿的原则;单边行动与集体行动相结合。在财政上,中国政府曾于20世纪末拨款1000万美元设立"中国-亚太经合组织科技产业合作基金",这对推动亚太经合组织成员间的国际合作、树立中国在亚太经合组织中的积极形象发挥了重要作用。①

2. 人员招聘

特　　　点:正在开放的待聘岗位数量有限
注意事项:可以更多地关注实习与志愿者岗位;需要对该组织核心价值有一定理解

(1) 全面了解工作环境

由于官网上公布的聘用信息常常有限,正在开放的待聘岗位也不多,求职者往往很难从描述中完整地了解未来岗位较为具体的工作环境与工作方向。此时,有心的求职者可以从多角度想办法,从官方与非官方提供的其他信息中摸索一个宏观图景。以下我们以亚太经合组织官网资料为例向大家说明。

对于求职者而言,为进一步了解亚太经合组织及其岗位,首先有必要对该组织作为议程重点的三大支柱(The Three Pillars of APEC)结合其过往行动实例进行考察:第一,通过降低贸易和投资的关税和非关税壁垒,促进贸易投资自由化;第二,通过减少地区商业贸易时间损耗成本和不确定性,以及面向中小企业、妇女和青年开放更多经济机会,促进商业便利化;第三,经济技术合作(ECOTECH)。

此外,求职前的调研还应该包括了解该国际组织的主要分设机构与人事安排。根据其官网资料,亚太经合组织的工作活动和项目由亚太经合组织21个成员国的高级官员指导开展,并由4个高级委员会负责具体运行:贸易和投资委员会(Committee on Trade and Investment),经济技术合作高级官员会议委员会(Senior Officials' Meeting Committee on Economic and Technical Cooperation),经济委员会(Economic Committee),预算和管理委员会(Budget and Management Committee)。此外,小组委员会、专家组、工作组和特别工作组(Sub-Committees, Experts' Groups, Working Groups and Task Forces)都支持这4个高级委员会牵头的活动和项目。

① 贸易和投资委员会(CTI)

贸易和投资委员会与亚太经合组织关于贸易和投资自由化和便利化的工作相协调。贸易和投资委员会也致力于通过小组委员会和专家组来减少商业活动的障碍。

② 经济技术合作高级官员会议委员会(SOMCETC)

在亚太经合组织部长指导下,高级官员负责指导各委员会、工作组和特别工作组的工作。此外,高级官员们为亚太经合组织部长和亚太经合组织经济领袖提出建议。高级官员会议由主办的经济体每年举行3~4次。经济技术合作高级官员会议委员会协助亚太经合组织高级官员协调和管理亚太经合组织的经济技术合作议程,并确定成员国合作行动的具体举措。

---

① 商务部:"中国与APEC",http://www.mofcom.gov.cn/aarticle/bg/200207/20020700033019.html。(最后访问时间:2018年4月24日)

③ 经济委员会(EC)

经济委员会的任务是通过政策分析和行动导向工作,来推动亚太经合组织内部结构改革。经济委员会与其他有关亚太经合组织如竞争政策法律小组(CPDG)和财政部长会议(FMP)密切协调来推动这一任务。

④ 预算和管理委员会(BMC)

预算和管理委员会就高级官员委员会在预算、行政和管理问题上提供意见。它还监督和评估委员会和工作组运作的项目的管理状况,并向高级官员委员会提出建议,以提高工作效率和有效性。

⑤ 工作组/高级官员委员会特别任务组/专门小组(Work Groups/SOM Special Task Groups/Ad-hoc Groups)

在亚太经合组织经济领袖、各成员国部长和高级官员的指导下,工作组在具体领域开展亚太经合组织的工作。此外,高级官员设立特别任务组来确定问题并就亚太经合组织工作的重要领域提出建议。亚太经合组织内部也成立了专门小组,提供专题性的和相关性的信息,或履行其他组别未涉及的重要任务。

(2) 详细了解工作岗位

亚太经合组织的具体招聘启事可以在官网 ABOUT US 下设的 APEC Secretariat 与 Policy Support Unit(PSU)两个板块找到。PSU 是秘书处下属的提供分析与政策支持的机构。① 表3.5 为对比这两类职务招聘要求。②

表3.5 对比这两类职务招聘要求

招聘单位	秘书处(The Secretariat)	Policy Support Unit
招聘对象	跨越四大洲的21个亚太经合组织成员国公民均可申请	
招聘人数	约50人	人数由财政资源及其任务决定;从国际与区域组织及各成员国经济体(包括 APEC 研究中心)中吸取人才,其成员为各领域专家
工作内容	工作人员支持亚太经合组织的30个以上委员会/工作组/特别小组/对话(Committees/Working Groups/Task Force/Dialogues),并面临着不同领域广泛的议题,如贸易和投资自由化、人力资源开发、知识产权、可持续发展、气候变化和电信等;还可能从事项目管理和企业管理事项,例如财务、公关、信息技术和行政管理等	在能够促进 APEC 经济体贸易投资发展的问题上提供并协调对于复杂事物的技术性分析、调研与政策建议
素质要求	敏锐,负责,创造力强(sharpest, creative and committed),认同组织核心价值观(share our core values)	专业分析能力
薪资待遇	官网公告未明确说明(a competitive remuneration package)	未说明

① 2015 PSU Annual Report。
② 有关 PSU 领导团队的介绍,详见:http://www.apec.org/About-Us/Policy-Support-Unit/PSU-Staff。

值得注意的是，上述两大机构当前并未开放任何实际招聘名额，只有秘书处当前开放实习岗位。

① 招聘单位：亚太经合组织通讯与公共事务部(Communications and Public Affairs Unit)。

② 实习时间：略。

③ 招聘对象：实习向成为亚太经合组织成员国国民或永久居民的学生开放。

④ 工作内容：实习生将在亚太经合组织秘书处通讯和公共事务部全职工作，并协助进行各种沟通事务，包括：实施社交媒体活动、编辑影片、编辑新闻媒体文章、协助发布社交媒体内容、数据库管理，并协助开发新闻稿、文章、网站内容和演示文稿。

⑤ 素质要求：候选人必须拥有本科学位，并可以在全日制研究生课程中注册或计划注册。候选人应具有较强的书面和口语能力，具有国际关系、经济、传播或新闻学学位优先。

⑥ 申请途径：如要申请，须在 http://www.apec.org/About-Us/APEC-Secretariat/Internship 申请页面下载实习申请表(Internship Application Form)，亚太经合组织秘书处实习框架(ASIF)指南和工作描述(Job Description)；所需的申请表(图 3.4)、简历和求职信必须提交给 admin-hr@apec.org。

16. Computer Skills: ☐ Word Processing ☐ Internet Research ☐ Spreadsheet ☐ Database ☐ Internet Authoring ☐ Others:

17. Publications (if any):

18. Knowledge of Languages:	Literacy			Written			Spoken		
	Fluent	Good	Fair	Fluent	Good	Fair	Fluent	Good	Fair
Mother Tongue (Please specify):	☐	☐	☐	☐	☐	☐	☐	☐	☐
English:	☐	☐	☐	☐	☐	☐	☐	☐	☐
Others (Please specify):	☐	☐	☐	☐	☐	☐	☐	☐	☐
	☐	☐	☐	☐	☐	☐	☐	☐	☐

19 Scholarships/Awards:

图 3.4　APEC 实习申请表示例

亚太经合组织开放的招聘机会并不多，想要在这里工作不仅需要更过硬的素质和工作经验，还需要合适的机遇。但考虑到它的经济合作论坛平台性质，有兴趣的青年读者除了考虑该组织的正式工作岗位之外，还可以多关注峰会志愿者等临时性工作机会，积累工作经验。

二、亚洲基础设施投资银行——首个由中国倡议设立的多边金融机构

AIIB ASIAN INFRASTRUCTURE INVESTMENT BANK

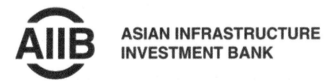

1. 亚洲基础设施投资银行概况

亚洲基础设施投资银行(以下简称"亚投行")是为促进各国合作应对亚洲地区基础设施建设的艰巨任务而新建立的多边金融机构,旨在为能源与电力、交通与电信、农村基础设施建设与农业发展、水资源供应与卫生、环境保护、城市发展与后勤保障等可持续性发展项目提供公私融资支持。亚投行的目标,是通过基础设施建设和改善各生产部门发展状况,以促进并加强地区联系,推动整体经济发展,进而刺激经济增长、改善基本服务。在借鉴私营企业和现有多边开发银行(MDBs)成功经验的基础上,该组织于2016年1月16日正式运营。亚投行的核心原则是开放、透明、独立和责任,经营模式是"精益、清洁和绿色"①(Lean, Clean, Green);据此,亚投行选择员工也力求体现公开、透明和择优的原则②。

2. 人员招聘

特　　点:中国青年职员备受青睐;开展YPP项目
注意事项:政府选调也是亚投行接受中国职员的一个重要途径

(1) 职员与顾问(Staff/Consultant)

对于亚投行的职员与顾问职位,原则上所有国家的申请者均可申请,不设国别限制。根据官网资料,亚投行将对应征者根据技术能力、对相关领域的了解程度、国际经验和教育背景等进行综合评价选择。尽管职位开放不定期且数量很少,但官方特别强调的是,申请者应当在规定期限内对公开发布的具体职位空缺提出申请,未公开招募的岗位将不接受申请。

在实际操作中,亚投行接受正式中国职员的另一个重要途径是政府选调。在亚投行落户北京、抓紧筹建初期,财政部国际合作司曾要求北京市及全国财政系统给予支持,以解决工作人员不足的问题。据知情人士透露,这批借调干部主要从事一些联络、撰稿、接待等基础性工作。由此可见,经由国内单位在职在编的行政机关公务员,加之积极参加相关国际组织的临时性志愿活动,并得到多方认可,也是求职于该国际组织的重要途径。

(2) 青年专业人员项目(YPP)

与联合国系统类似,亚投行为招募和培养杰出的青年专业人员,并使其在职业生涯早期树立为实现亚投行使命而努力的目标,也于近年开展了YPP项目。据官网资料,亚投行目前正处于招募大量专员、培养组织文化、形成做事风格的过程中。在此背景下,该项目在头几年会被作为试点计划。在试点阶段,项目的实施情况将会被每年监测,辅以技术调整和适当的制度要求。

① 亚投行对于青年专员素养的要求

什么样的员工能胜任亚投行工作?亚投行行长金立群曾提出3个基本条件——要

---

① 详见亚洲基础设施投资银行官方网站:https://www.aiib.org/en/index.html。
② 网易新闻:"亚投行成立啦,你也可以去应聘",http://news.163.com/15/1226/02/BBNP87KA00014Q4P.html。(最后访问时间:2018年4月24日)

有良好的职业操守,品行端正,清正廉洁;要有高水平的专业能力和良好的业绩;要有敬业精神,对开发事业充满热情,忠于亚投行。[1]

亚投行官方网站对于青年专员的素养列出了如下标准:申请成功者应具有良好的学术成就和专业资格,具有领导潜力,良好的沟通、分析、组织和人际交往能力。

a) 致力于并热衷于亚投行的使命;
b) 有动力,主动,能够独立思考;
c) 具备良好的量化分析和解决问题的能力和概念化思考能力;
d) 能够在口头和书面上简洁、有说服力地解释复杂的想法;
e) 能够有效地进行人际交往和参与团队合作;
f) 有正确的判断力;
g) 能够在多元文化组织中胜任工作。

除此之外,青年专员还必须具备如下条件:

● 年龄:青年专业人员年龄须在32岁以下,此年龄标准没有例外。
● 教育:至少获得MBA/硕士学位,或者是获得受国际认可机构的同等学力。尤其欢迎拥有下列专业领域学位的申请者:金融/银行;商业管理;经济学;能源;运输;工程;城市规划;水和卫生;环境管理;通信;会计和公共政策。
● 经验:至少有2年全职工作经验,和相关专业的工作经验(不包括暑期工作和实习)。在区域一体化举措、城市规划、能源(包括可再生能源和能源效率)、运输(包括道路、铁路、港后和机场)、环境管理、通信、水和卫生以及废物管理,以及其他基础设施相关领域的工作经验将被看重。
● 沟通:本行工作语言为英文。成功的候选人应能足够流利地使用书面和口语英语,并具有良好的沟通能力。青年专业人员必须能够撰写符合国际组织要求标准的英语文件。入围申请者必须参加英语水平考试。对其他亚洲地区语言的熟练程度是重要的。
● 特长:在投资银行、项目和微观/宏观经济分析、资金管理、战略和政策制定、风险分析等领域具备专业能力。鼓励在有助于亚投行机构优先事项的领域,即可持续基础设施、跨国联系和私人资本活动领域的候选人申请。
● 该项目将集中力量确保具有优秀技能的青年专业人员能够立即投入工作,并在项目任期内及以后发展其专业能力。
● 候选人必须履行完任何国家军事义务,或在申请该项目前取得至少3年的义务延期。

② 青年专员的薪酬待遇

● 合同:为被录取的青年专员提供有可观的薪资和福利,以及一个为期2年的合同。计划第1年是试用期。2年计划顺利完成后,依据青年专员的表现和组织需求,对表现优秀的青年专员可能提供3年的员工合同续约。
● 保险项目:为青年专员和他们的家庭提供全面的医药、牙科、眼科和健康的医疗

---

[1] 详见亚洲基础设施投资银行官方网站:https://www.aiib.org/index.html。

服务。亚投行还为所有专员免费提供基本生活和意外保险以及可供选择的寿险计划。

- 退休金计划：专员有权获得按指标发放的退休福利。在离开亚投行时，专员可以根据任职情况一次性提取退休金。
- 灵活性津贴：进入项目的初期，青年专员将收到一个50000美元灵活津贴中的三分之二。成功完成2年计划并获得3年续约的青年专员将获得剩余三分之一的津贴。
- 工作地点补贴：青年专员的工作地点是在北京的亚投行总部。青年专员将被提供工作地点补贴来支持在北京的工作和生活。目前该补贴为底薪的18%。

③ 青年专员的级别、培训与绩效评估

- 级别：青年专员将作为专业入门级（6级）进入该行。在为期2年的计划顺利完成后，续约3年员工合同的青年专员可以升到7级。
- 轮岗：青年专员项目将持续2年。该计划将包括3轮每轮约8个月的轮岗。轮岗期间，青年专员将接触到一系列投资操作领域的主要任务和活动、政策和策略、金融/风险/财政。
- 培训：青年专业人员在该行接受集中指导，即在机构基础、政策、实践、企业文化和员工条例细则上的指导。在轮职期间，青年专业人员在经验丰富的专家的监督和指导下接受职业培训并收获经验。青年专业人员将有资格参加该行的内部培训项目和课程。在极少数情况下，根据具体情况，可以考虑在特定领域进行外部培训。
- 导师：加入亚投行后，每个青年专业人员将被分配给一名个人导师（导师为本行高级人员），导师将为其提供非正式的支持、咨询和指导，帮助其适应本行以及在北京的生活。导师在项目期间将持续提供指导。
- 绩效评估：每个轮岗任务将有明确的指定绩效目标的发展计划。整体表现将通过公平透明的过程进行评估。亚投行绩效管理框架是为管理者提供的帮助员工充分发挥潜力的工具。青年工作人员的绩效评估将与该行正式员工的绩效考核体系保持一致。在特殊情况下，青年专业人员可能被要求留在该计划中以进行额外的轮换任务，以做进一步的专业发展和评估。

④ 青年专员的具体工作

- 在投资业务部门轮岗期间，青年专业人员的工作任务是项目周期的各个阶段的投资。青年专业人员将组成完整的团队成员，利用专业知识和技能参与到项目识别和事实查找、评估、审查和批准过程以及实施监督等领域的工作中青年工作人员们还将接触亚投行的环境和社会评估框架、项目财务和经济投资分析，以及采购和支付原则和流程的工作。在政策和战略领域，任务会侧重于国家规划、总则、部门和分部门分析和需求评估，并与亚投行的合作伙伴以及其他利益相关者进行接触。青年工作人员还可以承担与亚投行的财务和风险组合、支持财务、财务政策和风险等职能。
- 根据机构需要和个人技能，青年工作人员可能偶尔会在其他部门（如行政部门、公司秘书处、通讯部、人力资源部和总法律顾问办公室）进行转职。在项目结束后，预计大多数成功的青年专业人员将在投资业务、政策和战略，或财务和风险领域负责定期任务。

⑤ 青年专员的选拔流程

亚投行青年专员的选拔过程将由人力资源部通过竞争过程进行管理。以2017年试点项目为例,8~12位青年专业人员将被给予入选机会。在试行阶段,每种国籍只选用一位青年专业人员。由于试行阶段的青年专业人员入选人数较少,该项目将有助于该行员工的多样性,但这不会成为扩大整体员工多样性的主要渠道。随着项目的成熟和发展,根据机构的需要,亚投行将考虑战略性的青年专业人员招聘方案,包括特别关注招募不足的国籍人员。(青年专员的选拔流程如表3.6所示)

表3.6 青年专员的选拔流程

时间	进程
April 10—May 31, 2017	申请与部分大学定点招聘
May 31, 2017	申请截止
June 2017	审核所有申请(会进行视频面试预审)
July 2017	青年专员面试(面试入围者会被邀请到总部面试)并进行考试和评估
August 2017	公布面试结果发放录取通知
November 2017	第一批青年专员上岗

⑥ 青年专员的申请方法

申请人须在核对自己是否符合要求后,将用英文填好的个人信息表和CV发送到官方指定邮箱。①

第三节 非政府间国际组织

一、红十字国际委员会——人道主义国际旗帜

---

① 详见亚洲基础设施投资银行青年专员申请官方网站: https://www.aiib.org/en/opportunities/career/young-professionals-program/index.html。

1. 红十字国际委员会简介

红十字国际委员会创建于1863年,是《日内瓦公约》和国际红十字与红新月运动的发起者,也是最早的非政府间国际组织。该组织负责指导和协调国际红十字与红新月运动在武装冲突和其他暴力局势中开展的国际行动。

在当下以和平与发展为主题的时期,红十字国际委员会的工作内容不仅限于迅速有效地应对武装冲突,还包括其他领域的人道主义活动。从表3.7可以看出,以2015年为例,红十字国际委员会的工作遍及近百个国家和地区,涉足保护平民、重建家庭关系、改善供水与住所等多个领域。

表3.7 红十字国际委员会2015年的行动——事实与数据

项目	事实与数据
行动地区	在80多个国家和地区设立设有代表(分)处、办事处和任务团(非洲31、美洲15、亚太19、欧洲和中亚18、近东和中东10)
行动开支最大的国家	叙利亚、南苏丹、伊拉克、阿富汗、索马里、刚果民主共和国、尼日利亚、以色列、乌克兰、也门
探视被拘留者	在96个国家和地区的1596处拘留场所探视了928 812名被拘留者,对25 734名被拘留者的情况进行了监督
重建家庭联系	收集了129 778封并分发了106 108封红十字通信,安排离散家人互通电话和视频对话479 358次,帮助确定了4 798人的下落,登记了3 809名无人陪伴的未成年(包括450名儿童兵)
援助物资	收到或购买总计3.10亿美元的援助物资,在69个代表处和地区代表处开展了援助项目,派发卫生用品包、厨具、食品包、毛毯等救济品
经济安全	与国家红十字会联合开展确保经济安全的工作,直接惠及全球67个国家的个人、家庭和社区,约13 097 863名居民、流离失所者、难民等获得食品援助,5 608 435人获得了基本生活用品援助
供水与住所	在53个国家修建或恢复供水系统、卫生设施或其他基础设施,使31 026 588名平民和353 242名被拘留者获得了清洁用水
医疗卫生服务	为29个国家的476所医院提供了定期或临时性支持,在26个国家开展了社区医疗项目,为286个初级医疗中心提供了支持
照顾残疾人	在32个国家和地区支持了129个包括义肢康复中心和零件厂在内的项目,帮助371 884人获得义肢康复服务
与各国红会合作	为加强国家红十字会提供应急援助的能力而补助的直接现金达4 200万瑞士法郎
预防	与各国政府展开对话,推广国际人道法条约;举办近2 000个课程、研讨会、圆桌会议和演习,与冲突地区的武器携带者进行接触和对话;与120多个国家的逾600所大学展开互动合作,推广人道法;举办法律和政策会议,推进公共传播

中国是《日内瓦公约》的缔约国,并积极参与国际人道主义事务,支持红十字国际委员会的工作,双方保持有良好的合作关系。红十字国际委员会在北京设有代表处(同时负责朝鲜、韩国、蒙古的工作),开展国际人道法的推广工作,促进各方对红十字国际委员会在该地区和全球活动的支持,还支持各国红十会的活动。此外,中国红十会也是红

十字国际委员会的成员，与其在医疗卫生、重建家族关系、推广人道法等领域开展合作。

2．人员招聘

特　　　点：	招聘代表类、专家类；分为总部职位和一线职位。
注意事项：	1．对求职者学历、工作经验、语言能力、适应能力等素质有一定要求。此外，职位有不同的分类，每种职位对职员的具体要求也有所不同，有意者需要根据自身条件进行选择。 2．在招聘期限内进行线上招募，求职者应填写申请表并附上简历和求职信，并做好面试的准备。

（1）职员职务分类及工作内容

红十字国际委员会职位按照工作种类可以分为代表类和专家类，其中后者需要相关专业知识。代表类的工作包括保护、羁押、传播、合作、参加警察和安全部队、参加军队和武装部队、处理武器污染等。专家类的工作涉及工程建筑、经济安全、医疗卫生及口译员、财务和行政管理、后勤等其他辅助工作。

按照工作地点可以分为总部职位和一线职位。前者在日内瓦总部工作，签订无固定期限或短期合同，对职员无国籍要求，不提供住宿。后者在武装冲突和其他暴力局势等一线地区工作，并对职员国籍有具体要求。

按照工作流动性可以分为流动职位和本地职位，前者一般需要服从分配，其中总部职位最多工作4年就要被分配到其他职位，一线职位不能将职员派遣到国籍所在地；而后者一般工作地区固定，一线职位必须将职员安排到国籍所在地。

（2）职员核心素质

● 年龄最好不低于25岁；
● 准备好在最初2次派遣任务期间接受单独派遣（无家人同行），每次为期12个月；
● 大学本科或同等学力；
● 大学毕业后2年相关领域从业经验（专家类3～5年）；
● 熟练掌握英语，较好地掌握法语和其他相关工作语言（英语外其他语言的掌握，专家类视实际情况而定）；
● 拥有手动挡驾照；
● 包容，有团队精神，思想开明；
● 能够应对困境，抗压能力强；
● 愿意承担责任。

（3）职员工资和福利

● 多元文化的工作环境，工作内容激动人心，成就感强；
● 有竞争力的薪酬（如流动性一线职位每年发13个月的工资，根据表现会有年度奖金）；
● 在按比例分配的基础上每年至少有6周的假期；
● 完善的社会福利和保险；
● 执行任务前提供入职培训；
● 根据所涉及的领域和专业知识，有机会接受管理及（或）其他专业领域的培训。

（4）职员招募方式

红十字国际委员会的职业采取线上招募的方式①。其中本地一线职员的招聘信息需要在所申请地区的页面上另外查找。在非招聘期间主动投递的申请均不予考虑。

选择合适职位后，填写完整的申请表，并附上简历和求职信，在期限内上传至指定邮箱。其中申请表以本人姓名命名，邮件标题为"编号-职位名称-姓名"（英文）。申请医疗岗位还需要在邮件中附上一份所属国家卫生部门近期出具的注册证书。

2个月内会通过邮件收到面试（在总部或线上）通知。一线职员需要进行语言测试和面试，根据职位要求也可能增加技能面试和"软技能"测试。总部职员则要经历1~2轮面试，并根据职位要求进行语言和技能测试。

一线职员可以在面试后2周内得到结果，通过后可被选入"人才库"，进行合适的分配。需要注意的是，分配前要进行医疗体检，出于安全考虑，具有癫痫史等疾病的人可能不予分配。总部职员会直接决定，不需要进入"人才库"候选。

感兴趣的读者还可以在全球职业招聘会（Global Career Fair）及其他招聘会上，向与会的红十字国际委员会工作人员了解相关信息。

二、世界自然基金会——最大的独立性非政府环境保护组织

1. 中国与世界自然基金会

世界自然基金会是世界最大、经验最丰富的独立性非政府环境保护组织之一，在全球拥有超过500万支持者和一个在100多个国家活跃着的项目网络。自1961年成立以来，世界自然基金会在六大洲的153个国家发起或完成了一万多个环保项目。世界自然基金会通过一个由27个国家级会员、21个项目办公室及5个附属会员组织组成的全球性的网络  在北美洲、欧洲、亚太地区及非洲开展工作。作为一个主要的环保项目筹集者、一个值得信赖的资金掌管者、一个高效的经营者，世界自然基金会通过与各国、各国际性机构及其他非政府组织及项目执行地的当地民众通力合作来达到其环保目标，保护世界生物多样性及生物的生存环境。以2015年为例，世界自然基金会的工作网络遍布世界各地，在气候与能源、海洋保护、野生动物保护、森林保护、水域保护、粮食安全六大重点领域投入人力与物力。

世界自然基金会在中国的工作始于1980年的大熊猫及其栖息地的保护，是第一个受中国政府邀请来华开展保护工作的非政府间国际组织。1996年，世界自然基金会正式成立北京办事处，此后陆续建立了长沙、西安、成都、东北、武汉、上海、深圳项目办公室。发展至今，项目领域由大熊猫保护扩大到物种保护、淡水和海洋生态系统保护与可持续利用、森林保护与可持续经营、可持续发展教育、气候变化与能源、野生物贸易研究、科学发展与国际政策等领域。自从1996年成立北京办事处以来，世界自然基金会

---

① 关于红十字国际委员会招聘信息，详见：https://career012.successfactors.eu/career? career_company = ICRCPROD&lang=en_GB&company=ICRCPROD.

共资助展开了100多个重大项目,投入总额超过3亿元人民币。①

2. 人员招聘

| 特　　　点：正式职员招聘要求较高；设有国际青年志愿者实习项目。
| 注意事项：1. 对正式职位的求职者学历、工作经验、语言能力、适应能力等素质有一定要求；
|　　　　　 2. 可选择总部或中国办事处。
|　　　　　 3. 实习项目有利于成为正式职员。

(1) 进入世界自然基金会工作

在世界自然基金会,来自世界各地的职员共同努力,构建人类与自然和谐相处的未来。他们可能是在喜马拉雅山脉追寻老虎的踪迹,也可能在布鲁塞尔召开简报会,可能在刚果盆地帮助当地社区进行可持续发展,也可能在帮助跨国公司完善可持续供应链。总之,世界自然基金会的工作职位既有在一线与大自然朝夕共处的,也有在后方为机构发展提供支持的。除了生物科学、环境科学、自然资源管理等背景的专业人才能够在此大展身手,来自其他专业的充满激情、爱好自然、认同WWF价值愿景的有识之士同样可以发挥一技之长,获得改变世界的成就感。

目前,世界自然基金会总部及中国各办事处或办公室的正式职位主要面向已经在相关领域有工作经验的社会人士进行不定期招募,对在校生或应届毕业生而言门槛过高,因此不做赘述。有兴趣的读者可以登录其官方网站,了解开放职位的工作内容及具体要求。②

(2) 进入世界自然基金会实习或志愿服务

① 国际青年志愿者实习项目

世界自然基金会自2005年开始运行着一个国际青年志愿实习项目(WWF International Youth Volunteer Internship Programme),旨在为怀揣信念与决心的年轻人提供投身环保事业的机会,他们将在世界自然基金会的环保项目中工作3～6个月,包括亲身实践世界自然基金会的实地项目,以及与当地环保的从业者、科学家和社区的接触等。该项目自启动以来发展迅速,目前已经在世界自然基金会的重点项目地如非洲、亚太、拉美及瑞士格朗总部有各门各类的职位安排,领域包括传播交流、政策推广、环境教育和项目管理等。

项目实习生和志愿者还能参与名为"青年旗舰项目(Youth Flagship Project)"的环保倡议,期间参与者会遇到诸多环保人士、科学家和社区领袖,并获得环保相关的知识、指导和支持,从而更深入地了解当地环境。出发前的准备工作中,参与者也会得到相应的信息和指导。

以下是国际青年志愿实习项目的具体信息,读者可以根据自身需要参考：

---

① 阮建芳：《慈善与公益》,北京：同心出版社2013年版,第98-101页。
② 关于世界自然基金会工作机会,详见：http://wwf.panda.org/who_we_are/jobs_wwf/；关于世界自然基金会中国工作机会,详见：http://www.wwfchina.org/career.php。

青年志愿者/实习生素质要求：

-19～27岁,国籍不限。

-具备自然保护和可持续发展方面的领导才能。

-具有强烈上进心(Highly Motivated)的团队成员。

-能够适应不断变化的环境,具有主动精神。

-思想开放,而且愿意在文化间架起沟通的桥梁。

-能够应付缺乏现代化舒适条件的环境,如自来水和电力。

-精通马达加斯加和喀麦隆的法语。

-精通拉丁美洲(如玻利维亚、巴拉圭)的西班牙语。

-在某些实习工作需要具备媒体传播的经验或背景(如新闻、社交媒体、摄影、视频制作等)。

青年志愿者/实习生的职责：

-承担往返机票、签证、疫苗接种、食品和个人物品的费用。根据分配的国家和时间,这将花费大约2500～3000欧元,可以通过个人渠道或筹款提供。参与者将收到提供筹款技巧的参与指南(Participant Guide)。

-通过研究、阅读有关东道主国家的资料和联络WWF同事来为项目进行准备工作。

-通过阅读提供的信息和与WWF国际协调员联络来进行准备,确保准备工作的跟进。

-尽最大的能力完成委派过程中分配给自己的任务。

-行为方式与WWF大使的身份相一致。

世界自然基金会为本项目参与者提供：

-承担与任务相关的当地交通和当地/区域旅途的费用(包括往返机场),租借主住宿、笔记本电脑,以及适用情境下的本地语言课程、数码相机、摄像机和其他相关设备(如帐篷、自行车)。

-提供健康保险和遣返援助保险(repatriation assistance coverage)。

-必要时协助签证申请。

-任务期间的指导和后勤支持。

项目纲要和时间表

-出发前阶段

● 启动(opening)

所有的启动工作在世界自然基金会志愿者实习网站上进行公告,概述主要任务、要求的技能和能力,并提供事实表(fact sheet)或者项目的网页链接。

● 申请

世界自然基金会接受和审查所有的申请并拟定每一项任务的入围申请人名单。除网上报名表以外,候选人需要提供简历、2份推荐信和1张照片,与任务相关时,也可能需要提供1份写作样稿。

● 面试

世界自然基金会办公室将会通过面谈、电话或者Skype对候选人进行面试。

● 选择

世界自然基金会会根据成绩选择参与者,确保申请人的整体素质并且适合任务使命,以及地理、文化和性别的多样性。

● 确认

拟定一份概述志愿者/实习生和世界自然基金会双方角色和职责的合同。

在每个参与者实习期间,世界自然基金会发放健康保险和遣返援助保险(repatriation assistance coverage)[SOS国际和信诺(Cigna)]

参与者购买自己的往返机票并告知世界自然基金会国际协调员自己的航班信息。

参与者收到实习说明和项目活动的相关信息。

参与者被邀请加入Facebook上的世界自然基金会志愿者、实习生以及学者平台。

-实际体验(3~6个月)

一旦抵达目的国家,参与者就会收到对该国家的介绍,包括健康、安全和安全措施、允许的行为准则,以及世界自然基金会项目和活动的概述。在适用情况下,也将开始当地语言课程。

在马达加斯加,志愿者参加一个关于多媒体讲故事的会议(包括视频的拍摄和编辑)来创作一个关于他们经历的简短视频。

-体验结束后(6个月的时期)

返回后,参与者需要:

完成项目评估报告。

将自己的故事发布到世界自然基金会网站为他们创建的个人网页上 www.panda.org/explore。所有创作的视频将发布到Vimeo上的世界自然基金会志愿者页面http://vimeo.com/wwfvolunteers。

自选观众,至少做3个关于自身经历的汇报(如果可能的话,应该向最近的一个世界自然基金会办公室做一个汇报),然后向世界自然基金会提供这些汇报的反馈。

一旦完成这些要求,参与者将会获得世界自然基金会的证书。

该项目的目的是为实习生/志愿者和世界自然基金会创造双赢的局面——年轻而富有热情的工作者用他们的知识和背景为世界自然基金会的工作提供支持,也为世界自然基金会注入活力。相应的,世界自然基金会为这些人提供国际非政府组织在面对保护环境中的挑战时的亲身体验经历。参与者们会与世界自然基金会专家和当地社区密切合作,不仅能更加了解环保事业,更能从富有挑战性的工作中提高解决问题的能力和领导技能。[①]

② 世界自然基金会中国"熊猫客"

世界自然基金会中国办事处向有志为我国环保事业贡献力量的青年提供了不少志

---

① 查询世界自然基金会实习/志愿者开放职位请访问官方网站:http://wwf.panda.org/how_you_can_help/volunteer/volunteer/;申请表填写请访问:http://wwf.panda.org/how_you_can_help/volunteer/volunteer/volunteer_application_form/。

愿机会,志愿服务的工作内容种类多样、领域广泛,包含以下多种:翻译(英译中、中译英、小语种)、户外考察、活动组织、地区办公室支持、稿件撰写、文本编辑、媒体联络、商业接洽、项目筹款、行政助理、网站维护、程序开发和网页设计等。

有志在世界自然基金会进行志愿服务的应征者首先要在基金会官网注册成为"世界自然基金会熊猫客"①,填写个人基本信息,选择感兴趣的项目和希望从事的工作。当有活动需要时,基金会将主动与条件合适的应征者取得联系。

三、乐施会——誓与贫困做斗争

2008年"5·12"汶川地震发生后,乐施会迅速在四川、甘肃、陕西三省开展紧急救援项目,紧急救援阶段过后,制定了为期5年的汶川地震灾后重建策略规划,同年8月启动灾后重建项目。至2013年12月底,乐施会在四川、陕西、甘肃三省开展228个项目,包括28个紧急救援项目和200个灾后重建项目,超过85万人次受益。截至目前,为汶川救援及重建筹募到的专项基金,已经完全使用。②

1. 中国与乐施会

乐施会是国际发展及救援的非政府组织,1942年由Theodore Richard Milford(1896—1987)在英国牛津成立,原名为英国牛津饥荒救治委员会(Oxford Committee for Famine Relief),1965年起改以电报地址"OXFAM"作为名称。目前,乐施会在全球70个国家/地区推展工作项目,在其中10处设立驻有职员的办事处。其中与我国内地联系较密切的是设立于中国香港特别行政区的香港乐施会。

香港乐施会的历史可追溯到1976年,当时一群义工一起开设二手商店,为世界各地的扶贫工作筹款,到1978年正式注册成为独立的扶贫、发展和救援机构。作为乐施会国际联会(OXFAM International)的成员,香港乐施会与其他国家(地区)的乐施会虽然互不从属、独立运行,但都朝向同一个目标——"对抗世界上的贫穷与不公义。"③

自1987年起,乐施会就在中国内地参与扶贫救灾工作,更于1992年成立"乐施会中国发展基金",从而能更有效地动用资源来帮助内地的贫穷人口改善生活,目前的工作集中于云南、贵州、广西、广东、甘肃、陕西、青海、四川和北京。在成立"乐施会中国发展基金"的同时,香港乐施会在1992年于昆明开设了在内地的首间办事处,其后相继在北京、贵阳、兰州成立办事处。截至2016年3月,乐施会的项目遍布内地31个省、自治区、直辖市,累计的项目数量超过3000个。受益群体主要有边远山区的贫困农户、少数

---

① 志愿者注册地址:http://www.wwfchina.org/reg.php。
② 乐施会香港官网:"乐施会汶川地震四川灾区重建项目全部结束,成都办公室宣告关闭",http://www.oxfam.org.cn/info.php?cid=68&id=1384&p=news。(最后访问时间:2018年4月26日)
③ 谷天雨:《国际非政府组织合法性初探——香港乐施会案例研究》,外交学院硕士论文,2013.

民族、妇女和儿童及艾滋病感染者等,受益人口超过1294万人。[①]

2. 人员招聘

特　　　点:不定期在线招募。
注意事项:1. 香港乐施会的实习与义工申请对中国内地学生更有可行性,有意者可通过邮件投递实习生申请表格和简历的方式进行申请 　　　　　2. 有意者可关注香港乐施会在中国内地办事处的自媒体,获取招募信息

(1) 进入乐施会工作

乐施会与全球各国家或地区千万计的伙伴一起在超过90个国家和地区的基层社区开展扶贫发展和救灾工作,同时也为不同背景、不同岗位的员工提供了了解世界、匡扶正义、帮扶穷困、提升能力的机会。

目前,乐施会各地办公室及其成员(包括香港乐施会)的正式职位主要面向已经在相关领域有工作经验的社会人士进行不定期招募,主要方式包括两种:一是通过乐施会的招募系统[②]进行申请,二是通过邮件投递简历申请空缺职位[③]。

(2) 进入乐施会实习或志愿服务

① 乐施会

乐施会不定期招募位于不同办公室的实习生或志愿者,岗位数量有限,需在乐施会招募系统[④]进行查询,志愿服务也可通过注册应征[⑤]。

② 香港乐施会

对于中国内地青年而言,香港乐施会实习的申请更加方便。一些院校会推荐实习生进入乐施会,有志者也可以直接申请。作为乐施会的实习生,将有机会认识一家国际性民间组织的日常运作模式,认识贫穷以及与贫穷有关的不公平现象等议题。

有意者可以申请任何上载于乐施会网页的实习生空缺,或者自荐可以协助的工作范畴。乐施会会安排一位同事作为实习生的导师,指导及评核其实习工作,以达到双方议定的学习目标。为协助实习生适应乐施会的工作环境,乐施会会为新加入的实习生安排入职简介,介绍机构架构及不同部门的工作。他们亦可以参加机构为义工举办的分享会、讲座、工作坊及考察团等。

乐施会要求实习生于实习期内提供120小时或以上的服务时数。申请者须对推动发展项目、人道救援项目、政策倡议及公众教育等工作感兴趣,具备优良的中文、英文,或兼备中英文书写及口语能力,以及良好的电脑应用知识及沟通技巧。

有兴趣申请成为实习生的青年,须填写实习生申请表格,连同履历表,电邮至乐施会

---

① 整理自乐施会香港官方网站:http://www.oxfam.org.hk/sc/China.aspx。
② 乐施会招募系统网站:https://recruitment.oxfam.org/(需注册账号)。
③ 关于乐施会空缺职位公开招募信息,详见:https://www.oxfam.ca/employment-opportunities;关于香港乐施会空缺职位,可详见:http://www.oxfam.org.hk/sc/jobs.aspx。
④ 乐施会招募系统网站:https://recruitment.oxfam.org/(在工作类别中查询"intern 实习"或"volunteer 志愿服务")
⑤ 志愿者注册官方网站:https://www.oxfam.ca/get-involved/volunteer。

义工统筹小组①。乐施会建议有意者在预定实习期开始前最少 3 个月提出申请。他们会联络合适的申请者进行面试，以阐明双方的期望。

需要说明的是，针对在香港本部的实习岗位，香港乐施会接受非香港居民，但须备有有效的香港工作签证，而机构不会为实习生申请任何工作签证或安排留港事宜，也没有实习工资。香港本部的义工招募暂时只向香港居民开放。

此外，香港乐施会在中国内地有 4 个办事处，各办事处也会不定期招募实习生和志愿者，待遇要求不一，感兴趣的读者可以关注 @乐施会 OXFAM 新浪微博，查阅相关招募讯息。

本章回顾与思考

1. 设计表格，归纳世界贸易组织、国际原子能机构、国际竹藤组织、亚太经合组织、亚洲基础设施投资银行、红十字国际委员会、世界自然基金会、乐施会等非联合国组织的工作内容、求职途径、求职条件（年龄、学历、核心素质及能力等）与工作回馈。
2. 政府间国际组织与非政府间国际组织在职能方向、求职途径、任职条件等方面存在哪些不同？你更倾向于哪一种？
3. 结合自身条件及对薪酬待遇的期待，筛选出适合自己的国际组织。认识自身的优势和劣势，制定可执行的国际组织求职计划。

---

① 目前使用的邮箱地址是 volunteer@oxfam.org.hk，可能有更新，以申请时官网信息为准。

结　语

> I solemnly declare and promise to exercise in all loyalty, discretion and conscience the functions entrusted to me as an international civil servant of the United Nations, to discharge these functions and regulate my conduct with the interests of the United Nations only in view, and not to seek or accept instructions in regard to the performance of my duties from any Government or other source external to the Organization.
>
> ——国际公务员宣誓词

我郑重声明并承诺：本着忠诚谨慎、真心诚意的原则执行联合国国际公务员的职务；律己从公，只为联合国的利益着想；在执行职务时，决不寻求或接受任何政府或本组织以外任何来源的指示。

这是国际公务员宣誓词，庄严而肃穆。

有人说，选择了在国际组织就业，就是选择了对人类的忠诚，选择了对崇高使命的追求，选择了为构建人类命运共同体而奋斗终生。怀揣着人类共同的理想，背负着全球共同的使命，进入国际组织工作，我们从个人的职业看到了人类的事业。因此，这份职业首先是价值观的选择，是信仰的选择；其次，才是个人就业的一个去向。

仰望星空，还需脚踏实地。从个人出发，只有成就了一份职业，才能完成好一份事业，最终达成人类的使命。在国际组织就业的过程中，还有很多机遇需要我们发现、很多困难需要我们克服、很多明天需要我们创造。在全书的结尾，我们希望和有志于到国际组织就业的青年一起展望未来，一起分享职业的智慧和勇气。

一、我们为何出发

生命当中我们可以自主选择的事情非常少，但是我们总可以选择如何去生活、如何去热爱。很多人都认可国际组织这份职业给青年人以平台去体验、锻炼和成长，去变成更好的自己，更加智慧地去解决世界的困难与问题。同时，这份事业也给我们机会去爱世界、爱人类，去帮助他人。不是每一份职业都是和爱与奉献、付出与收获有关。

第一，体验多元的世界，这是热爱世界的源泉和动力。对于那些青春的灵魂，想要看到世界不同地方的日出，听到不同的语言，享受不同的文化，奉献青春的力量，实现人类的梦想，到国际组织工作就是最好的选择。这份职业可以培养青年的世界眼光，使青年从某个特定的文化圈跳出来，并重新审视"我"的概念——这是任何一份国内工作都无法带来的思维。

跨文化交流是国际组织最基本的工作内容，跨文化交流能力是国际组织对工作人员最核心的素质要求。第一，国际组织雇员需要很快很好地融入工作所在地的文化，能够理解、接受甚至利用文化处理好自己的工作是国际雇员的必备技能。第二，即使在国际组织的驻地国工作,例如中国籍雇员在联合国儿童基金会中国办事处工作,也需要和拥有不同文化背景的领导或同事沟通交流。开放的文化态度,是团队协作的基础。较高的跨文化交流水平,尤其是语言能力,也是提高工作效率的必要条件。很多在国际组织工作多年的中国籍前辈总是提醒我们,语言能力的进步是没有终点的,你总是可以更好地沟通与表达。第三,大部分国际组织雇员要准备定期或不定期更换工作地点,这就要求雇员能够快速转换思路,适应新的文化环境。以联合国为例,在联合国人力资源部有一个岗位叫"全球配置"。联合国对人力资源有一个机制,用以保障全球雇员不在同一个地方同一个职位上待太久时间,需要不断更换工作地点,以激发雇员的工作热情,让他们不要懈怠。根据所在地级别的高低,特别危险的地方可以待 1~3 年。条件相对好的地方,时间需要待少一些。有很多人钟爱旅行,热爱永远在路上的生活方式。联合国的这项人力资源机制自然可以为他们提供更多出发的理由与生活的自由。但是,如果你并不热衷跨文化交流,或者认为频繁地变更生活和工作地点是一种负担,那么国际组织可能不是你最优的职业选择。

第二,关于工作本身,从中锻炼自己解决问题的能力。来自洪都拉斯的米尔顿曾说:"在发展部门工作,你需要做好迎接多任务工作的准备,因为工作会涉及诸多维度。只要你有学习的意愿,发展部门会给予你比任何学术项目更多的学习机会。我的职业开始于一个住房项目经理(Housing Manager),然而 12 年后的今天,我正在领导一个基于社区的项目,关注卢旺达地区的孤儿和受艾滋病影响的弱势儿童。"[1]在国际组织工作同许多其他工作一样,我们总能从中获得锻炼,以便更好地解决问题。在我们采访的案例中,许多在校生都是通过第一份国际组织实习将课堂所学同工作实际结合起来。一方面,实习生本人增加了专业能力和实践能力。例如,联合国专门机构或者具有较高专业性的非政府间国际组织的实习生工作,通常对应聘者的专业要求较高,具体工作内容也往往与专业高度有关。这也是为什么许多国际组织的招聘条件要求应聘者的大学本科专业必须是所需专业。如果只是研究生专业符合,很多情况下应聘者并不能满足招聘需求而被遗憾淘汰。另一方面,在校生也能通过实习更好地探索真实的世界,体验国际组织工作的真实情景。这将是他们做出职业选择最为重要的判断依据。相对于最长 6 个月的实习,通过 UNV、JPO、YPP 或者空缺岗位公开招聘进入联合国工作的人,他们得到的锻炼将会更加丰富。除了日常的行政工作以外,联合国或者其他国际组织希望他们的雇员具有一定的组织能力、领导能力,能够发挥雇员的专业素养,独当一面地主持或者与团队合作完成重要的项目。

第三,帮助他人,让世界更加美好。来自肯尼亚的帕米拉(Pamela)接受采访时曾说:"慈善组织的工作给了我为人为或自然灾害的受害者们带去求生物资和希望的机会。倘若我的贡献挽救了生命,能够帮助受害者重拾尊严和希望,那么这些会使我获得极大的满足。这促使我不断挑战自己,并坚持在每一天都做到最好。"[2]北京大学教育学院教授哈巍老师曾在联合国儿童基金会(UNICEF)工作。2010 年,联合国儿童基金会津巴布

---

[1] 哈巍老师的课程讲义。
[2] 哈巍老师的课程讲义。

韦办事处将所有官方发展援助的10%捐献给津巴布韦。与津巴布韦政府一起,哈巍老师和同事们共同经营社会部门,提供教科书,为学生发放奖学金。而在此之前,学校是全年关闭的。这就是帮助他人的机会,也是很多人选择国际组织工作的最大动力。我们总是能够从帮助他人的工作中获得更多爱的回馈。我们面对的真相也许更加赤裸、更加残酷,但是帮助他人让我们拥有接受和改变世界的勇气。这就是我们努力工作的不竭动力。

二、如何走得更远

选择关乎志趣,坚持源于勇气。一份职业的选择,很可能是缘分使然,但是要将职业发展为事业,则更需要坚持的勇气。在国际组织任职能够给我们带来很多,诸如国际化的平台、具有挑战的工作、帮助他人的成就感等。同时,国际组织的职业发展也需要我们不断努力,克服一些困难,解决一些问题。

第一,终身学习,不断提升专业能力。苹果公司的创始人乔布斯在斯坦福大学的毕业演讲中说过,他最喜欢的一句话叫作"Stay Hungry, Stay Foolish",即"求知若渴,虚怀若愚"。这句话最适用于国际组织的任职者。国际组织对于专业能力有很高的要求,且这种专业要求会随着职位的升高逐渐提高。因此,始终保持学习状态,保有终身学习的心态和能力至关重要。这要求在校生要根据自己的专业和能力制定相应的职业规划。要求初入职场的国际组织雇员不陷于琐碎的行政事务,而始终保持对工作和学习的热情。无论我们的国籍、文化背景和语言能力如何,在国际组织的职业晋升中,专业能力总是占很大比例。大部分国际组织岗位都需要雇员已经积累了一定的工作经验和相关的专业能力。这一点我们在对空缺岗位公开招聘的要求里面能够有更深的体会。这也提醒我们,国际组织内部的职业晋升在很多情况下需要我们"进进出出",需要我们不惧挑战、勇于改变。

第二,不惧改变,获得更适合的工作机会。国际组织,尤其是联合国的专门机构,需要我们的岗位总是在转化和改变的,即上文所谓"进进出出"。国际组织的工作需要你每3~5年,甚至更短时间内,从一个国家调动到另一个国家。这个过程是新奇的,同时也是充满遗憾的。因为这意味着你与家人和朋友的关系会随着时间的流逝而疏远。你会想念别人的生活中的重要事件,如婚礼、出生、重要亲属的死亡。每一次离别和错过都需要勇气和信念的支撑。同时,遵循这样的人事规则也是获得职场晋升的重要途径。在一定的时间点,申请前往发展中国家或极不发达国家工作;在一定的阶段,走出国际组织,到其他专业的私营部门充电提高;在不确定的时刻,积极承担组织的任命或者调遣。是的,永远在路上,需要你拥有一颗勇敢的心。

第三,自我驱动,寻求更大的发展空间。国际组织不同于一般的营利性机构,工作并无严苛的绩效考核,相对工作节奏更为和缓。一方面,这有可能会在日复一日的常规性工作中消磨人的工作激情;另一方面,这也是新的挑战机遇,给予了职员足够的空间和时间进行自我探索。在这个过程中,需要能保持自我激励、自我发掘的动力,最终能够拓宽职业道路,找到自我发展的意义。"A BETTER ME, A BETTER WORLD",一个更好的自己,一个更美的世界。工作一定的年限,我们总是很容易忘记更大的图景,而只能注意到周围的小世界。或者我们很容易在漫长的时间里逐渐限于自我生活的框定。而一个更好的自我总是要在不断创造世界新事物的过程才能产生,同时一个更美好的世界也总需要更优秀的个体来创造。

三、始终不忘初心

随着中国实力和影响力的提升,越来越多的中国面孔出现在国际组织的高级管理层中。史久镛、陈冯富珍、沙祖康、朱民、郝平、林毅夫、李勇……每年政府委派或推荐的人员中,都有大量国际公务员被委任重要的高级管理事务。同样,也有很多中国人通过个人奋斗获得国际组织的高级职位。林建海在乔治·华盛顿大学获得国际金融博士学位后,进入国际货币基金组织,他从一个经济学家逐渐成为一名优秀的官员,于 2012 年任 IMF 秘书长至今。2013 年被任命为联合国助理秘书长的徐浩良,更是从一份实习岗位开始,在联合国系统中历练 19 年,凭借出色的专业能力达到今天的成就。无论是哪一种途径,他们都有着扎实的专业知识,并在各类驻地工作、特别项目中提升自己的能力。尽管国内求职者对国际组织的工作兴趣越来越浓厚,但实际在联合国供职的中国籍雇员的人数与我国的国际地位远远无法匹配,中国在联合国中的代表性仍然不足。这是我们的机遇,也是我们的责任。

我们可能熟练地掌握了求职的全部技能,游刃有余地获取我们渴望的职位。我们或许能力强大,总是出色地完成各项任务和挑战,甚至推动世界的进程。这些技巧和能力足以支撑我们获取一份职业和职位的晋升。无论走到世界的哪一个角落,经历着怎样的故事,我们永远不能忘记的是当初我们为何出发。那是一个关于勇气与责任、热爱与奉献的美好故事。

附录一

2017年国际电信联盟实习人员选派办法

第一章 总 则

第一条 为服务国家外交工作,通过向国际组织输送人才更好地参与国际事务,培养和储备一批国际组织人才,国家留学基金管理委员会设立并实施国际组织实习项目。

第二条 根据与国际电信联盟(简称国际电联)签署的合作协议,国家留学基金管理委员会(简称"国家留学基金委")将选拔资助优秀学生赴国际电联实习。

第二章 选派计划

第三条 2017年计划选派3人。

第四条 选派类别为实习人员,留学期限一般为3～11个月,实习地点为国际电联总部(瑞士日内瓦)。实习期间可根据特定工作任务安排赴其他地区办事处。

第五条 国家留学基金为留学人员提供一次往返国际旅费、资助期限内的奖学金(包括伙食费、住宿费、交通费、电话费、医疗保险费、交际费、一次性安置费、签证延长费、零用费等)和艰苦地区补贴。具体资助方式、资助标准等以录取文件为准。

第三章 申请条件

第六条 申请人基本条件:

(一)热爱社会主义祖国,具有良好的思想品德和政治素质,无违法违纪记录。

(二)具有坚定理想信念和为祖国服务的强烈事业心、责任感、献身精神。

(三)具有中华人民共和国国籍,不具有国外永久居留权。

(四)申请时年龄满18周岁,不超过30周岁(1986年3月以后出生,攻读博士学位人员除外)。

(五)身体健康,心理健康,诚实守信,意志坚定。

(六)具有较强的综合素质、国际视野和多元文化意识,熟悉国际合作规范。

(七)具备优秀的计算机及社交媒体方面的知识,以及熟练运用办公软件的能力。

(八)能够适应国际工作环境,以及具备良好的人际沟通能力。

(九)精通英语和(或)法语,同时掌握其他联合国官方语言者优先。每个岗位要求略有不同,详见岗位需求。

(十)符合岗位的其他要求。每个岗位对专业背景等要求不同,详见岗位需求。

第七条 申请人应符合以下条件之一

(一)国内高校或科研机构优秀应届本科、硕士、博士毕业生。

(二)国外高校或科研机构的国家公派或自费应届本科、硕士、博士毕业生。

(三)申请时已获得国际电联录用函(通知)、尚未开始实习的人员。

第四章 选派办法

第八条 遵循"公开、公平、公正"的原则,采取"个人申请,单位推荐,专家评审,择优录取"的方式进行选拔。

第九条　申请人根据国际电联公布的2017年岗位，选择1~2个意向岗位，并在个人陈述中予以说明。

第十条　网上报名时间为2017年4月1~15日。申请人须在此期限内登录国家公派留学信息管理系统进行网上报名（http://apply.csc.edu.cn），按照《2017年赴国际电信联盟实习人员网上报名指南》在线提交申请材料。所有材料应确保齐全、真实有效。

第十一条　推选单位应对申请人的资格、综合素质、发展潜力、国际交流能力、品德修养及身心健康情况等方面进行审核后出具有针对性的单位推荐意见。推选单位在对申请材料进行认真审核后，将申请材料统一提交至相关受理单位或国家留学基金委。

第十二条　国家留学基金委委托以下单位（以下简称受理单位）负责申请受理工作："211工程"建设高校负责受理本校人员（学生及在职人员）的申请；在外留学人员的申请委托现就读院校或科研机构所在国我驻外使（领）馆教育处（组）负责受理；其他人员的申请由所在省/直辖市教育厅（教委）有关国家留学基金申请受理机构负责受理（详见国家留学网受理机构通讯录）。

国家留学基金委不直接受理个人申请。

第十三条　受理单位应在2017年4月20日前将书面公函及推荐人选名单提交至国家留学基金委，并同时通过信息平台提交申请人的电子材料。申请人的书面材料由受理单位留存，留存期限为2年。

第十四条　国家留学基金委于2017年5月对申请人进行材料审核、笔试和面试，确定候选人并向国际电联推荐。

第十五条　国际电联于2017年6月对候选人进一步进行考核（电话面试/视频面试等）后，根据自身岗位要求确定最终录取人员。

第十六条　申请人应充分考虑未来就业、学业等因素，慎重申报，避免录取后放弃资格的情况。

第五章　派出与管理

第十七条　被录取人员与国际电联签订合同，并按合同规定按期派出。未按期派出者留学资格自动取消。未经批准放弃资格或不按期派出者，5年内不得再申请国家留学基金资助。

第十八条　国家留学基金委将对录取人员开展行前集训。

第十九条　对选派人员按照国家公派留学人员相关规定进行管理。人员派出前，须与国家留学基金委签订《资助出国留学协议书》并办理公证、国际旅行健康证书等（具体请登录国家留学网www.csc.edu.cn，参阅《出国留学人员须知》）。

在外自费留学申请人如被录取，须回国办理签订并公证《资助出国留学协议书》及派出手续，回国国际旅费由本人自理。自国内赴实习目的国的国际旅费由国家留学基金负担，由相关留学服务机构在办理派出手续时购买。

在外应届国家公派本科/硕士/博士毕业生如被录取，可直接在我驻该国使（领）馆办理续签《资助出国留学协议书》等手续。如须回国办理签证等手续，回国旅费及赴实习目的国的国际旅费均由国家留学基金负担。直接前往第三国实习的，国际旅费自理。

第二十条　按照《资助出国留学协议书》规定，留学人员自抵达留学所在国后10日内凭《国家留学基金资助出国留学资格证书》、《国家公派留学人员报到证明》向中国驻留学所在国使（领）馆办理报到手续后方可享受国家留学基金资助。

第二十一条　留学人员在国外留学期间，应遵守所在国法律法规、国际电联的相关规定、国家留学基金资助出国留学人员的有关规定及《资助出国留学协议书》的有关约定，自觉接受推选单位和驻外使（领）馆的管理。每3个月向国家留学基金委提交实习进展情况报告。

第二十二条　实习结束后，留学人员应当按期回国并履行在国内工作、学习2年（以下简称服务期）的义务，及时向国家留学基金委办理报到等手续，并提交工作报告及外方工作鉴定。在服务期内可以出国留学，但是服务期顺延计算。

第二十三条　支持留学人员继续留/赴国际组织工作，在服务期内留/赴国际组织工作，时间计入服务期。留学人员按期回国后，再次申请国家公派出国留学时，不受回国后满5年方可再次申请国家公派出国留学的限制。

第二十四条　国家留学基金委将建立信息库，对留学人员的工作表现、考核评估情况、个人诚信等进行跟踪和管理。

第六章　其他

第二十五条　国际电联2017年实习岗位及《2017年国际电信联盟实习人员网上报名指南》请查阅附件。

第二十六条　如有咨询事宜，请联系国家留学基金委规划发展部，联系人：吴小龙/徐一平；电话：010-66093954/3960；传真：010-66093954；电子邮件：gjzz@csc.edu.cn。

附：面向在外留学人员选拔的实施国别：

美国、加拿大、古巴、日本、韩国、新加坡、泰国、以色列、南非、澳大利亚、新西兰、俄罗斯、白俄罗斯、乌克兰、捷克、德国、法国、瑞士、比利时、奥地利、荷兰、意大利、西班牙、葡萄牙、瑞典、丹麦、挪威、芬兰、英国、爱尔兰、匈牙利、塞尔维亚

注：本办法中的日期和时间均为北京时间。

附录二

2017年国际电信联盟实习人员网上报名指南

一、应提交的申请材料

1. 国家留学基金管理委员会出国留学申请表(访问学者类);
2. 单位推荐意见表;
3. 两封专家推荐信(英文);
4. 外语水平证明;
5. 获奖证书复印件(如无可不提供);
6. 成绩单复印件(本科及以上,英文);
7. 最高学历/学位证书复印件;
8. 有效身份证明复印件;
9. 个人陈述(英文);
10. 个人简历(英文)。

二、网上报名指南

1. 申请表填写注意事项

请申请人登录留学基金委网上报名系统国内申请人入口(http://apply.csc.edu.cn)进行网上报名(海外人员亦通过国内申请人入口报名),"申请类别"请选择——访学类。相关填写内容如下:

(1) 基本情况——请申请人如实填写相关信息。

(2) 外语水平——请根据本人掌握的所有语种进行选择。在是否达到外语合格条件项选择"是"。

请注意:根据自身情况如实填写,并需根据填写内容上传相应的外语水平证明材料:

a. 外语专业:外语专业本科(含双学位)以上毕业,需提交相应学历学位证明及外语专业考试证书(如英语专业八级、俄语专业八级等)。

b. 曾在国外学习工作:近10年内曾在同一语种国家留学1学年(8~12个月)或连续工作1年(含)以上,需提交驻外使领馆开具的"留学人员回国证明"(正在外留学人员无须提交)。

c. 参加雅思(学术类)、托福等外语水平考试:达到合格标准(雅思6.5分以上,托福95分以上),需提交合格的成绩单。

(3) 教育工作经历——请按照每一项提示要求进行填写:

a. 国内接受高等教育或进修经历：从本科阶段起。

b. 境外学习/工作经历：如曾在国外交流或学习/实习，均可在此栏填写。

c. 国内工作经历：除国内工作/实习外，在读期间的校内工作、社会实践等均可在此栏填写。

（4）主要学术成果——请按"最重要—重要——般"及"时间近远"依次填写，至多4项。

（5）主要学术成果摘要介绍——请填写两部分内容：

a. 学术成果：如有，请列举学术成果清单及摘要。

b. 实践及工作经历：包括时间、工作单位、职务、工作内容、主要成绩、单位负责人联系方式。

请注意：我们将会对申请人填写的内容进行核实，请确保所填写内容真实有效。

（6）研修计划——应包括以下内容：

a. 个人意向：从国际电信联盟岗位需求中选择1～2个意向岗位并陈述理由，以及与自身所学专业的相关性。

b. 是否服从岗位调剂。

c. 对国际电联及岗位的基本认识。

d. 职业理想、实习/工作期间的个人计划及其他。

（7）国外邀请人（合作者）——此栏不填写。

（8）申请留学情况——请按顺序填写以下内容：

申请留学身份：选择"高级研究学者"。

申报国家/地区：瑞士。

申报项目名称：国外合作项目。

可利用合作渠道项目：国际组织实习项目。

计划留学单位：国际电信联盟。

受理机构名称：请根据自身实际情况选择相应的受理机构。

留学专业名称：请填写现从事学科专业

具体研究方向：请填写第一意向岗位序号和名称（如："意向岗位：1.SG/C&P/LING-C"）

重点资助学科专业代码及名称：可选择列表最底端的"不在所列学科中"（此项不作为评审依据）。

申请留学期限：3～11个月（请根据申报岗位情况填写）。

申请资助期限：请与"申请留学期限"一致。

是否享受过国家留学基金资助：如果曾享受过，请填写具体时间。

2. 上传申报材料

完成申请表填写、保存后，即可点击左侧"上传申报材料"，申报材料分为"必传""非必传"两类，申请人须按要求将"必传"材料全部上传后，方可提交申请表。"非必传"材料可根据自身实际情况进行上传。

请注意：所上传的材料须为 PDF 格式，文件大小不超过3M。如材料为多页，必须合并成为一个 PDF 格式文件上传,否则后上传文件将覆盖先上传文件。

3. 完成网上报名

申请表所有项目填写完毕并完成"必传"材料上传后,点击左侧"提交申请表"。成功提交后,系统会根据填写内容自动生成《访学类申请表》和《出国留学申请单位推荐意见表》,请将两份材料打印,由单位主管部门填写推荐意见并加盖单位公章,会同其他材料,按顺序装订整齐交至所属受理机构。海外申请人请将打印申请表及纸质材料提交至所在地区使(领)馆教育处(组),由其出具推荐意见报送国家留学基金委。

三、上传材料说明

1. 两封推荐信:推荐人应(曾)为申请人导师/主管负责人或同事,能够客观详实地对申请人进行评价和推荐;推荐信应为英文拟就,使用推荐人所在单位专用信函纸(有单位抬头名称)打印并由推荐人本人签字。推荐信将提交至国际电联。

2. 外语水平证明:如申请人掌握多门外语,须将相应的外语水平证明上传。

3. 获奖证书复印件:包括计算机水平、相关专业认证、设计作品照片、出版物封面等(根据意向岗位提供相应证明,如无可不提供)。

4. 成绩单复印件:需提交英文成绩单,在读学生应提交本科开始至最近一学期的成绩单。

5. 最高学历/学位证书复印件:申请人应提供所持有的最高学历及学位证书的复印件。如申请人为应届毕业生,需提供院校签字/盖章的在籍证明复印件。

6. 有效身份证明复印件:国内申请人上传身份证复印件,在外学习人员须上传护照复印件(首页及签证页)。

7. 个人陈述(Personal Statement):提交英文个人陈述,包括意向岗位以及选择原因(可选择1~2个意向岗位),是否服从调剂,申请动机,对于申请单位及岗位的基本认识,现从事专业与实习岗位及国际组织工作的相关性,个人职业理想等,字数不限。个人陈述将提交至国际电联。

8. 个人简历:请申请人下载个人简历模板,用英文填写并签字后扫描上传,作为个人资料提交至国际电联。

请注意,岗位最终录取人员由国际电联根据岗位数量和要求确定,国际电联可能根据需要要求申请人提交补充材料并另行考核,具体以国际电联要求为准。

附录三 关于联合国总部实习的 FAQs

申请 Applications

Q：What are the deadlines for applying?

申请什么时候截止？

A：There are 3 internship sessions throughout the year: spring(mid-January to mid-March); summer(early June to early August); and fall(mid-September to mid-November). The deadline for applications is approximately four months prior to the internship session.

一年间共有三段实习期,分别是:春季(一月中旬到三月中旬);夏季(六月初到八月初);以及秋季(九月中旬到十一月中旬)。截止日期大约是在实习期开始之前四个月。

Q：Can I still send my application when the deadline is over?

过了截止日期也可以提交申请书吗？

A：No application will be accepted after the deadline.

截止日期以后,不再接受任何申请。

Q：Will I be informed of the receipt of my application?

我能否知道我的申请书是否已被受理？

A：Yes. Online applications will be automatically acknowledged where an email address has been provided. Please note that you will receive a confirmation email for registering, for creating a PHP and for applying for an internship by submitting your PHP to the Internship Vacancy Announcement. If you do not receive an e-mail acknowledgement within 24 hours of submission confirming your application for the Vacancy Announcement you have applied to (the number of Vacancy Announcement should be stated), your application may not have been received. In such cases, please go to "My UN" page and check the status of your application by clicking on "View Application History", and resubmit the application, if necessary.

A：是的。在线申请书将会被自动确认(只要你提供了邮箱地址)。请注意在你进行注册、创建个人简历(PHP)以及将 PHP 提交至实习岗位空缺通告以申请实习岗位的过程中,会收到确认邮件。若你在提交申请后的 24 小时以内没有收到确认邮件,则你的申请可能未被成功接收。如遇此类情况,请打开"我的联合国(My UN)"页面,点击"浏览申请历史(View Application History)",确认你的申请书状态。必要时请重新提交申请书。

Q：Is a CV enough for an application?
What do I need for the application?

只需提交简历就能申请吗？

我还需要为实习申请做什么？

A：The following is the application procedure.

申请过程如下。

Register as a user（新用户注册）

Fill in the form, choose a user name and password, and click 'submit'. Please remember your user name and password as you will need it for later logins.

请填写注册信息，选择用户名并设置密码后，点击"提交（submit）"。请务必记住用户名和密码，以便日后登录。

• Create a Personal History Profile（PHP）（创建个人简历）

The PHP is an online CV. Complete all pages (General, Address, Relations, Education, Languages, References), save the PHP and close it. The PHP can be updated and used for future applications. Technically, the PHP form does not allow you to select a date in the future. Thus please state your date of application when you would like to enter a future date.

PHP是在线简历（CV）。请完成所有页面的填写（一般事项、地址、关系、教育、语言、推荐信），保存PHP后关闭窗口。你可以随时更新你的PHP，用作将来的申请材料。严格来说，PHP中无法选择填写日之后的日期。因此，若你想输入将来的日期，请填写你的申请日期。

• Find the Internship Vacancy Announcement（搜索实习公告）

Go to 'All Vacancies（Compendium）', then go to 'Internship', and go to the Vacancy Announcement 'United Nations Headquarters Internship'.

进入"All Vacancies（Compendium）"，再进入"Internship"，然后查看"联合国总部实习计划"的空缺公告。

• Apply for the Internship Vacancy Announcement（申请空缺公告）

Go to 'Apply online' at the bottom left of the Vacancy Announcement, submit a description of how your experience, qualifications and competencies match the position for which you are applying (cover letter, 3900 characters), answer all five questions you will be asked, certify that all your replies are correct by checking the box and click 'submit'.

单击空缺公告页面左下端"在线申请（Apply online）"，详细描述你的相关经历、资格及能力是否符合你想申请的职位（求职信，3900字），提交后，回答5个问题，确认无误后勾选方格，最后单击"提交（submit）"按钮。

Q：Do I need to attach recommendations to my application?

申请书上还需要添加推荐信吗？

A：No. We only send the PHP to departments for consideration.

不需要。我们只向研讨部门发送PHP。

Q：Should I contact the UN to check the status of my application?

我需要联系联合国确认我的申请情况吗？

A: No. You will be informed about the outcome of the results as soon as the selection process is finalized. The decision-making process may vary from case to case. Please do not contact the UN regarding the status of the application. However, any change in your address, e-mail or telephone number should be notified to the Internship Office.

不需要。选拔过程一结束,您就会收到结果。选拔过程可能根据情况而变化。你无须也请不要联系联合国了解申请状况。但是,如果你的地址、邮箱地址或者电话号码有变更,请联系实习办事处。

Q: How soon may I be informed about the outcome of my application?

我什么时候可以知道申请结果?

A: It varies from case to case. In the majority of cases, selected applicants are notified about two months prior to the commencement of the internship.

申请结果的给出时间会根据具体情况而变化。一般情况下,被录用的应聘者会在实习开始前约两个月收到通知。

Q: May I be informed earlier to enable me to make preparations, such as funding, university approval or visa application?

我能否提前收到通知以便于准备费用、大学审批或申请签证?

A: No. In each case the applicant will be informed as soon as a decision is made.

不可以。每个应聘者都会在招聘结果出来后立即收到通知。

Q: Can I be based at the United Nations in Geneva?

我可以在联合国日内瓦办事处工作吗?

A: No. This Internship Programme is only for the United Nations Headquarters in New York. If you want to do an internship in another UN Office/Agency/Programme, you should contact the respective UN office directly since they have separate internship arrangements.

不可以。该项实习计划仅面向纽约总部。由于每个机构分别有不同的实习计划,如果您想在其他联合国办事处/团体/项目中工作,您需要亲自联系该联合国办事处。

资格 Eligibility

Q: I have a Bachelor's Degree. Am I eligible to apply for the internship programme?

我拥有学士学位,我可以申请实习项目吗?

A: No, applicants have to be enrolled in a degree programme in a graduate school (second university or higher) at the time of application and during the internship.

不可以。申请实习时和实习工作中,应已注册研究生教育课程(或以上学位课程)。

Q: I am enrolled in a Master's Programme. Can I apply?

我已注册硕士教育课程,我可以申请吗?

A: Yes, applications have to be enrolled in a degree programme in a graduate school (second university or higher) at the time of application and during the internship.

可以。应聘者在申请实习时和实习期间,应已注册研究生教育课程。

Q: I just finished my studies. Can I apply?

我刚刚结束学业,我可以申请吗?

A: No, applicants have to be enrolled in a degree programme in a graduate school (second university or higher) at the time of application and during the internship.

不可以。应聘者在申请实习时和实习期间,应已注册研究生教育课程。

Q: What kind of skills are you looking for?

(实习)要求具备哪些能力?

A: Good academic and analytical skills, good drafting and language skills, excellent communication and interpersonal skills, good IT skills.

优秀的学习与分析能力、优秀的写作及语言能力、出色的沟通能力和人际关系,以及IT技能。

Q: Do I get a certificate?

我可以获得认证书吗?

A: Yes, everyone who has completed an internship receives a certificate stating the period of the internship and the name of the department or office to which she/he was assigned.

可以。所有完成实习的实习人员都会获得认证书,且认证书上会注明实习机构和部门的名称。

国籍 Nationality

Q: I am a citizen of a non-UN member state. Can I apply for an internship?

我是非联合国成员国国民。我可以申请实习项目吗?

A: Yes, you may apply even if you are a citizen of a non-UN member state.

可以。非联合国成员国国民也可以申请。

Q: Is there a nationality quota on how many candidates may be selected from each country?

每个国家被录用的应聘者是否有国籍配额制度?

A: No. However, preference is given to candidates from developing, underrepresented or unrepresented countries in the UN.

没有。但我们比较偏好来自发展中国家,或在联合国影响力弱的国家、没有代表的国家的候选人。

签证所需事项 Visa Requirements

Q: What type of visa do I need for a UN internship?

在联合国实习,我需要哪种类型的签证?

A: UN interns must have a valid visa. Most common is the B-1 visa. Depending on your nationality and student status (for instance whether you are studying in your home country or abroad), this may vary. Please check with the United States of America Embassy/Consulate in your country of current residence. For additional information, please check the following link: US Immigration Support.

联合国实习生须持有有效签证。多数实习生持有 B-1 签证,但具体情况会根据国籍和学生的状况(例如,该学生是在本国学习还是在国外学习等)而不同。请向你现居住地所在国的美国大使馆/领事馆咨询确认。如需更多信息,请咨询如下链接的美国移民支持网站(http://www.usimmigrationsupport.org/)。

实习内容 Internship per se[①]

Q: What kind of job will I be requested to do?

我将会做哪些工作?

A: This will depend on your background, the department to which you are assigned and the period during which you will do your internship. Here are some examples:

Assistance in drafting and preparing official documents

Attending and summarizing conferences and meetings

Document, legal and internet research

Assistance during conferences

Working on the web-presentation

Evaluation of projects

Compiling statistics

Media analysis

Speech-writing

根据你的个人背景和分配部门以及实习时段,工作内容也会不同,举例如下:

协助起草及准备办公文件/参加会议及扼要/文件、法律、网络搜索/会议期间提供协助/网络演示操作/项目评估/制定统计/分析媒体/写演讲稿。

Q: When is the starting date of my internship?

我什么时候开始实习?

A: Selected candidates will be provided with an internship offer. All details will be in the letter(dates of the internship, departments assigned to, name of supervisor).

被选中的候选人会收到实习录用函。所有关于实习的具体信息都会写在其中(实习日期、分配部门、上司姓名等)。

Q: Will I be provided with a UN tour?

我可以参观联合国吗?

A: Yes. UN interns are entitled to take a free UN guided tour.

可以。联合国实习生可以免费参观联合国。

实习时段调整可能性

Possibility of adjusting internship periods

Q: Can I do a one-month internship?

我可以只实习一个月吗?

---

① per se:(在拉丁语中)其本身,作为其本身。

A: No. The minimum duration of an internship is two months. This can be extended however.

不可以。实习期至少两个月,且可以延长。

Q: Can I do a part-time internship?

我可以兼职实习吗?

A: Normally, the internship is on a full-time basis. However, a part-time internship may be granted upon the request of the academic institution with the supervisor's approval.

实习一般以全职为原则。但也可能根据负责人的审批意见和教育机构的要求,同意兼职实习。

Q: Can I postpone my internship until later?

我可以往后延期实习计划吗?

A: No. An internship offer is for the specific session only. If the applicant declines this offer, she/he must reapply and the reapplication will be considered along with all the applications received for that session.

不可以。实习录用函只对特定实习期有效。如果应聘者拒绝该录用函,应聘者就要重新申请,而且重新申请的资料将与该期受理的所有申请书一起接受审核与选拔。

关于住宿 Accommodation/Housing

Q: Is there any financial or organizational support for housing issues?

是否会为我提供关于住宿问题的财政上或组织上的帮助?

A: There is no financial or organizational support for housing issues.

不提供任何关于住宿问题的财政上或组织上的帮助。

Q: Are there any information available for accommodation possibilities?

提供哪些关于住宿的信息?

A: It is the responsibility of the intern to arrange for his/her accommodation. Nevertheless, the Internship Office provides selected interns with an unofficial list of potential accommodation. The Internship Office does not have any special arrangement/agreement with any of the mentioned addresses. The Internship Office does not recommend or check any offers of accommodation.

实习生需自行解决住宿问题。但是实习办事处也会为实习生提供可参考的非官方住宿列表。(http://www.un.org/Depts/OHRM/sds/internsh/htm/UN%20Housing%20list.pdf)

实习办事处与涉及的任何一家住宿处都没有签署特别协议/协定。实习办事处也不会推荐或建议住宿地点。

Q: Where can I stay in New York? What does it cost?

在纽约可以居住在哪里? 大概需要多少费用?

A: It depends on the type of accommodation you prefer. Depending also on the period of the internship, the availability of accommodation varies. Most commonly, students choose to share apartments. An average studio apartment ranges from $800 to $2000 per month. Low-range accommodations such as the YMCA/YWCA cost approximately $1400 per month.

根据每个人偏爱的宿舍类型、实习时间,费用也会不同。大部分学生偏爱合租公寓。单间平均月租 800 美元到 2000 美元不等。低廉的 YMCA、YWCA 每月租金约 1400 美元。

Q: Does the UN subsidize the rent for interns?

联合国是否补助实习生的宿舍租赁费?

A: No. Unfortunately, the UN does not subsidize rent for interns.

不。很遗憾,联合国不补助实习生的宿舍租赁费。

取消或拒绝 Cancellation/Refusal of offer

Q: What is the procedure for cancelling or refusing the internship offer?

如何取消或拒绝实习录用?

A: Selected applications must notify the Internship Coordinator whether they will accept the internship or no later than two weeks after receipt of the written offer.

被录用的应聘者应在收到书面录用通知后两周内告知实习管理部你是否接受实习录用。

财政补贴 Financial Aid

Q: How much does it generally cost to live in New York City during the internship?

实习期间在纽约的生活费一般花销多少?

A: It costs approximately $2500 per month to cover accommodation, meals and other living expenses.

Interns at the United Nations Headquarters are not paid. All costs of travel and accommodation, including living expenses, must be covered by the intern or the sponsoring institution. The following information is intended to assist you in estimating the cost of your internship (all figures indicated in US dollars):

一般每月的开销为约 2500 美元(包括住宿费和餐费及其他生活费)。联合国总部的实习生没有薪酬,包括生活费在内的一切旅行及住宿费全部要由实习生自行承担或由赞助机构承担。下列信息会对你预估实习期费用有所帮助。(以下所有数据均为美元表示)

• Travel expenses:
Round trip air/train/bus tickets to/from New York: variable;
Passport/visa application fees: variable;
Ground transportation from/to airport/train/bus terminal: $45+tip;
Travel insurance: $30.

• 旅行经费:
-到[自]纽约的往返机票/火车票/大巴票:不定;
-护照/签证申请费用:不定;

-自[到]机场、火车站、汽车客运站的地面交通费用：45美元＋小费；

-旅行保险：30美元。

• Accommodation in New York City：

Hotel/motel：$90-300 per night；

YMCA/YWCA：$70-150 per night；

Dormitory/residence house：$200-400 per week/ $25-30 per night；

Apartment：$800-2000 per month.

• 纽约住宿情况：

-酒店/汽车旅馆：每晚90～300美元；

-YMCA/YWCA：每晚70～150美元；

-宿舍/住宅：每周200～400美元/每晚25～30美元；

-公寓：每月800～2000美元。

• Living expenses：

Transportation：

Subway/bus：$2.00 per trip or $81 for an unlimited 30-day pass，$24 for a 7-day unlimited pass，$7 for a 1-day unlimited pass；

Taxi：$2.50 initial，$0.30 per 1/4 mile.

• 生活费用：

交通：

-地铁/大巴：1次2美元或30日票81美元、7日票24美元、一日票7美元；

-出租车：起步价2.5美元、每1/4英里30美分。

• Meals：

The United Nations has a cafeteria in the Secretariat Building open from 8：00 am to 8：00 pm Monday to Friday. Meals cost $4.00 and up；Outside the Secretariat all kinds of food outlets are available within walking distance.（Fast food：$4 and up；Restaurants：$7 and up per meal）.

• 用餐：

联合国的秘书处大厦内有餐饮区，营业时间为周一至周五早上8点到晚上8点，餐费4美元起。

此外，秘书处大楼周边有各种餐馆，可以步行前往（快餐4美元起，餐厅每顿7美元起）。

• Insurance expenses：

Medical insurance：$50(variable)；

Liability insurance：$25(variable)；

Other expenses：(additional 10%—20% of the budget)

• 保险费用

-医疗保险：50美元（不定）；

-责任保险：25美元（不定）；

-其他费用(约为预算金额的 10%~20%)。

Q: Can I get any financial support from UN?

我是否可以得到联合国的财政补贴?

A: Unfortunately, the UN cannot provide financial support to interns.

All expenses connected with the internship will have to be borne by the intern or sponsoring institution. You may find additional information about external scholarships and funding here. It is strongly suggested that you contact various institutions, organizations, foundations, etc. as they may fund your internship.

很遗憾。联合国不为实习生提供财政补贴。与实习相关的所有费用需要由实习生个人或赞助机构承担。

可以在这里(http://www.un.org/Depts/OHRM/sds/internsh/htm/funding.htm)查找外部奖学金或财政补贴相关的额外信息。您也可以咨询各种机关、机构、基金会等。

Q: Can interns take on part-time jobs to cover living expenses in New York?

实习生是否可以从事兼职工作来供应在纽约的生活费用?

A: No. The visa status of interns does not allow them to undertake paid employment in the United States of America.

不可以。实习生的美国签证类型不允许他们从事有报酬的雇佣。

资料 Documents

Q: What kind of documents do I need to provide to the Internship Office?

我应向实习办事处提交哪些资料?

A: You need to send:

The signed offer letter and the internship agreement

(no later than 2 weeks after receiving them);

The medical certificate of good health;

Proof of enrolment in a health insurance plan;

Proof of enrolment in a degree programme in a graduate school

(second university degree or higher) at the time of the application and during the internship.

Students pursuing their studies in countries where higher education is not divided into undergraduate and graduate stages must be enrolled in their fifth year (or higher) at a university of equivalent institution towards the completion of a degree.

你需要提供:

· 签字的录用通知和实习同意书(应在收到录用函后的两周内寄出);

· 证明健康状态的体检报告;

· 健康保险注册证明文件;

· 申请实习时和实习工作期间,研究生学位课程证明文件;

· 如果应聘学生在高等教育没有被划分为大学和研究生院阶段的国家就读,则该学生应至少在校 5 年 (或以上), 并在大学或相应机构完成学位前申请。

Q: What is the medical certificate of good health?

证明健康状态的医疗证明是什么？

A: The certificate of good health is a medical document stating that you are in good health. There is neither a specific nor a required format. It does not have to be in English.

健康证明是指可以证明你现在的健康状态良好的医疗文件。没有具体或要求的格式，也不要求用英语写。

Q: Do I need to have a health insurance plan?

我需要上医疗保险吗？

A: Yes. You must have a valid health insurance covering your medical expenses in the United States of America.

是的。一定要拥有有效健康保险，以便在美国期间可以支付医疗费用。

延长实习计划 Extension of Internship

Q: What is the procedure for extending my internship period?

如何延长实习时间？

A: Once the intern has completed part of the internship, he/she may request an extension from his/her supervisor. The supervisor will then submit the request to the Internship Coordinator, who will review the request and inform the intern and the supervisor of the outcome. The intern must have a visa covering the additional period. Alternatively, the intern may agree on a longer period of duration (maximum: 6 months) with the supervisor prior to the start of the internship.

实习过程一结束，当事人就可以向自己的上司申请延长时间。而后，由上司把该延长申请提交给实习管理部。实习管理部在研究该申请后，会将结果通知该实习生和他的上司。另外，实习生还可以在实习开始之前，就同意与上司签订更长期 (最长: 6 个月) 合同。

Q: What is the maximum time allowed for an internship?

实习时间最长为多长时间？

A: The normal duration of an internship is two months, which may be extended to a maximum of six months.

实习时间平均 2 个月, 最长可以延长至 6 个月。

雇佣 Employment

Q: What are my chances of employment at the United Nations after the internship?

实习完成之后，被联合国录用的机会有多大？

A: The Internship Programme is not related to employment in the United Nations. There should be no expectation of employment within the UN after an internship.

实习项目与联合国的雇佣没有关系。因此，实习结束后，不能期待被联合国录用。

Interns shall not be eligible to apply for, or be appointed to, expert-level positions (or higher) at the Secretariat for a period of six months following the end of their internship.

实习生在他们的实习工作结束之后的 6 个月内，没有资格应聘或被提名为联合国秘书处的专家级或其以上的职位。

Entry-level professional posts reserved for external recruitment are filled through national competitive examinations (NCRE) organized each year in a number of Member States.

为外部聘用而准备的 Entry-Level 专员职位，则通过每年由众多成员国组织的国家选拔考试(2011 年起 NCRE 变为 YPP 招聘考试)予以补充。

联系方式 Contact

Q：How do I reach the United Nations Headquarters Internship Programme?

我应该怎样联系联合国实习项目管理部门？

A：Internship Coordinator

United Nations Headquarters

Room S-2475J

New York，NY 10017

U.S.A.

Email：OHRM_interns@un.org

附录四

2016年赴联合国难民署青年专业人员选派办法

第一章 总 则

第一条 为服务国家外交工作,通过向国际组织输送人才更好地参与国际事务,培养和储备一批国际组织人才,国家留学基金管理委员会(简称国家留学基金委)设立并实施国际组织实习项目。

第二条 根据与联合国难民署签署的合作协议,国家留学基金委将选拔资助青年专业人员(Junior Professional Officer,JPO)赴该组织总部及其地区办事处工作(驻华办事处除外)。联合国难民署(UNHCR,又称联合国难民事务高级专员办事处)是联合国系统的机构之一,受联合国委托指导和协调世界范围内保护难民和解决难民问题的国际行动。难民署为国际主要人道主义组织,总部设立于日内瓦,全球服务中心设在匈牙利布达佩斯。

第二章 选派计划

第三条 2016年计划选派3名青年专业人员赴联合国难民署任职,任职身份为联合国初级业务官员(P2级)。

第四条 选派对象

(一)国内高等学校、企业事业单位、行政机关、科研机构的正式工作人员。曾享受国家公派留学、目前已回国人员亦可申报。

(二)国外高校或科研机构的国家公派或自费应届博士毕业生,且本科/硕士毕业后有2年以上工作经历(暂不受理无工作经历者的申请)。

第五条 青年专业人员初始任期一般为12~24个月,具体以录用通知为准。初始期满后,可根据联合国难民署意见及青年专业人员本人意愿,经国家留学基金委同意后,延长任期。

第六条 国家留学基金将参照联合国难民署相应国际职员同等待遇标准向青年专业人员提供资助。

第三章 申请条件

第七条 热爱社会主义祖国,具有良好的思想品德和政治素质,无违法违纪记录。

第八条 具有坚定理想信念和为祖国服务的强烈事业心、责任感、献身精神。

第九条 具有中华人民共和国国籍,不具有国外永久居留权。

第十条 身体健康、心理健康,诚实守信,意志坚定。

第十一条 年龄不超过35周岁(1980年9月1日以后出生)。本科毕业后一般应有4年以上的工作经历,硕士毕业后一般应有2年以上的工作经历,博士毕业者(不含应届博士毕业生)无工作年限要求。

第十二条 具有较强的综合素质、国际视野和多元文化意识,熟悉国际合作规范。

第十三条 精通英语和（或）法语，同时掌握其他语种者优先。每个岗位要求略有不同，详见岗位需求。

第十四条 可熟练操作计算机和运用办公软件。

第十五条 能够适应国际工作环境，以及具备良好的人际沟通能力。

第十六条 符合岗位的其他要求。每个岗位对专业背景等要求不同，详见岗位需求。

第四章 选拔办法

第十七条 遵循"公开、公平、公正"的原则，采取"个人申请，单位推荐，专家评审，择优录取"的方式进行选拔。

第十八条 申请人根据《2016年联合国难民署青年专业人员岗位需求》选择1～2个意向岗位，并在个人陈述中予以说明。同等条件下，优先考虑赴艰苦地区和服从岗位调剂的申请人。

第十九条 网上报名及申请受理时间为2016年9月1～10日。申请人须在此期限内登录国家公派留学信息管理系统进行网上报名（http://apply.csc.edu.cn），按照《2016年赴联合国难民署青年专业人员网上报名指南》在线提交申请材料。所有材料应确保齐全、真实有效。

第二十条 推选单位应对申请人的资格、综合素质、发展潜力、国际交流能力、品德修养及身心健康情况等方面进行审核后出具有针对性的单位推荐意见。推选单位在对申请材料进行认真审核后，将申请材料统一提交至相关受理单位。在外留学人员直接进行网上报名。

第二十一条 国家留学基金委委托以下单位（以下简称受理单位）负责申请受理工作："211工程"建设高校负责受理本校人员的申请；在外留学人员的申请委托现就读院校或科研机构所在国我驻外使（领）馆教育处（组）负责受理；其他人员的申请由所在省/直辖市教育厅（教委）有关国家留学基金申请受理机构负责受理（详见国家留学网受理机构通讯录）。

国家留学基金委不直接受理个人申请。

第二十二条 受理单位应在2016年9月15日前将书面公函及推荐人选名单提交至国家留学基金委，并同时通过信息平台提交申请人的电子材料。申请人的书面材料由受理单位留存，留存期限为2年。

第二十三条 国家留学基金委于2016年9～10月对申请人进行资格审核及专家评审，确定候选人后向联合国难民署推荐。

第二十四条 联合国难民署对候选人进一步进行考核（电话面试/视频面试等）后，根据自身岗位要求确定最终录取人员。

第二十五条 申请人应慎重申报，避免录取后放弃资格的情况。

第五章 派出与管理

第二十六条 被录取人员需与联合国难民署签订合同，并按合同规定按期派出。未按期派出者留学资格自动取消。未经批准放弃资格或不按期派出者，5年内不得再申请国家留学基金资助。

第二十七条　对选派人员按照国家公派留学人员相关规定进行管理。人员派出前，须与国家留学基金委签订《资助出国留学协议书》并办理公证、交存保证金、国际旅行健康证书等（具体请登录国家留学网 www.csc.edu.cn，参阅《出国留学人员须知》）。

第二十八条　在外自费留学申请人如被录取，须回国办理签订并公证《资助出国留学协议书》、交存保证金及派出手续，回国国际旅费由本人自理。自国内赴联合国难民署任职岗位所在国的国际旅费由国家留学基金负担，由相关留学服务机构在办理派出手续时购买。

在外应届国家公派博士毕业生如被录取，可直接在我驻该国使（领）馆办理续签《资助出国留学协议书》等手续，无需再行交存保证金。如需回国办理签证等手续，回国旅费及赴岗位所在国的国际旅费均由国家留学基金负担。直接前往第三国实习的，国际旅费自理。

第二十九条　按照《资助出国留学协议书》规定，留学人员自抵达留学所在国后10日内凭《国家留学基金资助出国留学资格证书》《国家公派留学人员报到证明》向中国驻留学所在国使（领）馆办理报到手续。

第三十条　留学人员在国外留学期间，应遵守所在国法律法规、联合国难民署的相关规定、国家留学基金资助出国留学人员的有关规定及《资助出国留学协议书》的有关约定，自觉接受推选单位和驻外使（领）馆的管理。每年向国家留学基金委提交工作鉴定。

第三十一条　任职结束后，留学人员应当按期回国并履行在国内联系工作、学习两年（以下简称服务期）的义务；及时向国家留学基金委办理报到、提取保证金等手续（《国家公派出国留学人员回国报到提取保证金证明表》请登录国家留学网自行打印），并提交工作报告及外方工作鉴定。

第三十二条　支持留学人员继续留/赴国际组织任职。本项目留学人员按期回国后，再次申请国家公派出国留学时，不受回国后满五年方可再次申请国家公派出国留学的限制，在服务期内出国留学者，服务期顺延。

第六章　其　他

第三十三条　《2016年联合国难民署青年专业人员岗位需求》及《2016年赴联合国难民署青年专业人员网上报名指南》请查阅附件。

第三十四条　如有咨询事宜，请联系国家留学基金委规划发展部，联系人：徐一平；电话：010-66093960；传真：010-66093954；电子邮件：gjzz@csc.edu.cn。

附：面向在外留学人员选拔的实施国别：美国、加拿大、古巴、日本、韩国、新加坡、泰国、以色列、南非、澳大利亚、新西兰、俄罗斯、白俄罗斯、乌克兰、捷克、德国、法国、瑞士、比利时、奥地利、荷兰、意大利、西班牙、葡萄牙、瑞典、丹麦、挪威、芬兰、英国、爱尔兰、匈牙利、塞尔维亚

提示：

由于申请需要提交的材料众多，而准备时间相对较紧（上述公告发布于2016年8月9日，网上报名受理开始于2016年9月1日，截止于2016年9月10日，即仅有1个月时间材料），所以可以提前准备好部分材料，避免过于匆忙。

附录五　联合国青年专业人员方案 FAQs

What is the UN Young Professionals Programme?

The Young Professionals Programme (YPP) is a recruitment initiative for talented, highly qualified professionals to start a career as an international civil servant with the United Nations Secretariat. It consists of an entrance examination and professional development programmes once successful candidates start their career with the UN.

联合国青年专业人员方案(the UN Young Professional Programme)是什么?

青年专业人员方案是一个面向有才干、高素质的专业人才的招聘计划,这些专业人才将最初被任命为联合国秘书处(the United Nations Secretariat)的国际公务员。该计划包括一个入门考试和专业发展计划,通过的候选人将开始在联合国工作。

Who can apply?

The YPP examination is held once a year and is open to nationals of countries participating in the annual recruitment exercise. The list of participating countries is published annually and varies from year to year.

谁能申请联合国青年专业方案?

青年专业计划考试(the YPP examination)每年举办一次,对参加年度招聘活动的国家的公民开放。参与国家的名单会每年公布,而且每年会有变化。

Basic application criteria:

You must have the nationality of a participating country.

You must hold at least a first-level university degree relevant for the exam subject you are applying for.

You must be 32 or younger in the year of the examination.

You must be fluent in either English or French.

基础申请条件:

必须拥有任何一个参与国的国籍;

必须持有至少一个和申请考试科目相关的本科学士学位(a first-level university degree);

参加考试期间年龄必须在32岁及以下;

熟练掌握英语或者法语。

Participating Countries

Each year, countries that are un- or under-represented in the United Nations, are invited to take part in the Young Professionals Programme.

Afghanistan, Andorra, Angola, Antigua and Barbuda, Bahrain, Barbados, Belarus, Belize, Brazil, Brunei Darussalam, Cambodia, Cape Verde, Central African Republic, Chad, China, Comoros, Democratic People's Republic of Korea, Dominica, Equatorial Guinea, Gambia, Greece, Indonesia, Iran, Iraq, Japan, Kiribati, Kuwait, Laos, Latvia, Lesotho, Liberia, Libya, Liechtenstein, Luxembourg, Malaysia, Marshall Islands, Micronesia, Monaco, Mozambique, Nauru, Norway, Oman, Palau, Papua New Guinea, Poland, Qatar, Saint Lucia, San Marino, Sao Tome and Principe, Saudi Arabia, Slovakia, Somalia, South Sudan, St Vincent and the Grenadines, Suriname, Thailand, Timor-Leste, Togo, Turkey, Turkmenistan, Tuvalu, United Arab Emirates, United States, Vanuatu, Vietnam

参与国名单：

联合国每年都会邀请无代表或代表性不足的国家（un- or under-represented in the United Nations）加入青年专业方案。

阿富汗,安道尔,安哥拉,安提瓜和巴布达,巴林,巴巴多斯,白俄罗斯,伯利兹,巴西,文莱,柬埔寨,佛得角,中非共和国,乍得共和国,中国,科摩罗伊斯兰联邦共和国,朝鲜民主主义人民共和国,多米尼加,赤道几内亚,冈比亚,希腊,印度尼西亚,伊朗,伊拉克,日本,基里巴斯,科威特,老挝,拉脱维亚,莱索托,利比里亚,利比亚,列支敦士登,卢森堡,马来西亚,马绍尔群岛,密克罗尼西亚,摩纳哥,莫桑比克,瑙鲁,挪威,阿曼,帕劳,巴布亚新几内亚,波兰,卡塔尔,圣卢西亚,圣马力诺,圣多美和普林西比,沙特阿拉伯,斯洛伐克,索马里,南苏丹,圣文森特和格林纳丁斯,苏里南,泰国,东帝汶,多哥,土耳其,土库曼斯坦,图瓦卢,阿拉伯联合酋长国,美国,瓦努阿图,越南

Participation of staff of the United Nations

This examination is also held for staff members of the United Nations Secretariat who work within the General Service and other related categories and aspire to a career within the Professional and higher categories.

联合国工作人员的参与

如果您是联合国秘书处（the United Nations Secretariat）一般办事人员（General Service）或者其他相关类别的工作人员,有志于从事更高级、更专业的工作,同样有资格报名参加这项考试。

附录六　联合国YPP考试的架构

UN YPP-Examination Structure

In order to be placed on the roster for P1/P2 vacancies of the United Nations you need to pass the YPP examination, which consists of the written and the oral part. The total number of points a candidate can score in both parts of the exam is 1000.

1. Written examination

The written examination lasts a total of four and a half hours. You will need to manage your own time for the different parts of the examination. The written examination consists of two parts:

The General Paper, which is the same for all exam subjects, tests your drafting and analytical abilities in English or French. It consists of a text of approximately 900 words, which needs to be summarised to around 300 words. The number of words may slightly vary between the two languages. There are no titles, subtitles or paragraphs in the text, which you have to summarize. You can score a maximum of 150 points in the General paper.

The Specialized Paper tests your substantive knowledge and analytical thinking. It is specific to the exam subject you are taking the exam in. This part of the written examination can be answered in any of the six official UN languages. You can score a maximum of 650 points in the Specialised paper.

Part Ⅰ: Multiple choice items. Part Ⅰ of the Specialized Paper consists of up to 50 multiplechoice questions relevant to the exam subject you are applying for. Each question is worth 3 points; no points are deducted for a wrong answer. The answers to the multiple choice items need to be indicated in the Answer Booklet by filling in the circle corresponding to the correct answer from the Questions Booklet.

Part Ⅱ: Constructed response items. Part Ⅱ of the Specialised Paper consists of up to 13 items where candidates need to produce a longer text, speech, analysis or a similar answer. Candidates are expected to write a longer response (up to 4 pages) to the first three questions and a shorter text to questions 4 to 13 (up to two pages). Please note that not every exam will have three longer and ten shorter questions. Sometimes an exam may have fewer questions as well.

Important:

Candidates are expected to answer the correct question on the correct page in the Answer Booklet. For example: "Question 1" needs to be answered under "Question 1" in the Answer Booklet, and "Question 10" needs to be answered under "Question 10" in the Answer Booklet.

Answers provided on the wrong page in the Answer Booklet will be marked with zero points. Only the pages provided for the answer will be marked. Texts going over the pages provided for a specific answer will not be considered.

Every candidate gets one Answer Booklet only. Any preparatory notes can be done on scrap paper provided.

Experience shows that successful candidates have trained their handwriting for months to be able to provide the optimal answer. Please write legibly so that the markers will be able to read your handwriting.

Marking:

Answers to the General Paper are marked anonymously by a panel of external markers. The Specialized Paper is marked by a Specialized Examination Board of experts from the United Nations. All answers are double blind marked by two different markers.

The Specialized Examination Board usually sets different cut-off points after each part of the exam and only the candidates who are above that threshold are evaluated further. The first cut-off is usually determined after multiple choice questions have been marked.

Each of the further items, which require longer and constructed answers, may serve as an additional cut-off point. An announcement will be made regarding which papers and/or parts of the exam will be eliminatory. Only examinees successful in that part of the examination will have the other parts marked.

The General Paper is generally marked last. It is marked only for candidates who pass the Specialized Paper.

2. Oral examination

If you are successful in the written examination, you will be invited to take part in the oral part of the examination which consists of a competency-based video-conference interview. Each candidate will be interviewed by an interview panel consisting of members of the Specialized Examination Board. The total number of points in the oral examination is 200. You can find more information on competency based interviews here.

The United Nations' greatest asset is the quality of its staff. To ensure that the very best people join the UN team we use a competency based interview process. Competency based interviews are also called "behavioral interviews" or "criterion based interviews". Such interviews are based on the concept that past behavior and experience is the best indicator of future performance. In other words, your history tells a story about you: your talents, skills, abilities, knowledge and actual experience in handling a variety of situations.

Competency interviewing questions can look like this:
- Tell us about a situation when you went above and beyond your manager's expec-

tations.

- Give an example of a time when you used your problem solving abilities to resolve an issue?
- Tell us about a time where you had a number of demands being made on you at the same time? How did you handle it?

Useful tips for your interview:

1. Prepare a wide range of brief real life stories about your accomplishments. Be aware of the specific skills each story illustrates and remember to include the positive outcome or lesson learned from each experience.
2. Be ready to discuss your strengths and your ability to learn from past experiences. Also think about how you could contribute to the work of the United Nations and to the specific position you are applying for.
3. Review the competencies mentioned in the job opening. These will be probed in your interview, so your stories should show your skill in these competency areas.
4. You should be prepared to address positive results and achievements using these competencies and also challenges you have had in each of these areas.
5. The structure of your answer should be: Situation, Action, Result.
6. Share information you feel is appropriate and relevant.
7. Listen to the question carefully. Keep to the point. Be as specific as possible.
8. Do some research on competency, or behavior based interviews. There is a lot of material available about preparing for such an interview structure.
9. Learn as much as you can about the Department and Office you are applying to and the work it does.
10. Practice, practice, practice.

3. Results notification

Only successful candidates will be individually informed that they have passed the YPP examination. All remaining candidates will be informed through the Important Updates page that the examination process has been concluded. Please note that the time of notification may vary from one exam subject to the next, depending on the number of examinees in each one.

附录七 联合国 YPP 考试样题

GENERAL PAPER: SUMMARY

Instructions

Please summarize the following **878 word text** by reducing it to approximately one third of its original length; the summary should have around **300 words in English**. You should use your judgment in deciding what the main ideas are and which points should be stressed while respecting the balance of the original. Clarity and organization will be among the elements taken into account in evaluating your summary. Your summary **must be written in your own words** and **NOT** copied directly from the text. Failure to meet these guidelines will result in loss of points.

You must write **clearly** and **legibly**. If your paper cannot be read by the evaluators, it will not receive credit. You may use double spacing if you wish.

IMPORTANT: Write your summary in black or blue pen on the dedicated pages of the answer booklet.

Suggested time: 45 minutes
Maximum score: 150 points

TEXT

Farmers in Ghana plant rows of cassava next to their chili peppers, and plant banana trees in the middle of cocoa plantations. In India, farmers hang bouquets of flowers in their apple trees. And in Brazil, farmers have increased appreciation of a law requiring them to leave a certain portion of their farms as natural habitat. Three seemingly incongruent situations but they have a connection. All are solutions identified by FAO and its partners for dealing with one of the pressing problems agriculture faces today – the loss of pollinators, mainly bees but also other insects and birds. Farmers have adopted these measures in an effort to bring pollinators back to their fields, thanks to the support they receive from FAO's Global Pollination Project. Bees and other pollinators make enormous contributions to the world's agriculture. In terms of food production, staples such as wheat, maize, potatoes and rice can reproduce without animal pollination. But, most fruits and vegetables, which are increasingly important in global agriculture, cannot. While the plants themselves will survive, their yields may drop by as much as 90 percent without pollination. This is especially critical considering that 75 percent of all crops have some dependence on pollinators. Plus, crops dependent on pollination are five times more valuable than those that don't need pollination. It all adds up to an enormous contribution in terms of improved yields. The French National Institute for Agricultural Research has valued pollinators' contributions to global agriculture at more than USD 200 billion a year. Although pollinators are essential to the world's ecosystems, the services those bees and other pollinators provide freely to agriculture were once taken for granted. It is only recently that pollination has been recognized as an essential element of agronomy, a recognition mainly due to a crisis – the world's pollinators are disappearing. The reasons include loss of habitat, intensive agriculture, indiscriminate use of pesticides and climate change. Climate change is a double issue that not only affects pollinator survival, it also alters crop growing seasons, which means that the pollinators may not be available at the time that the crop is in flower and needs the pollination. Global statistics are sketchy, but they show that pollinator populations in several parts of the world are steeply declining. In Europe, where monitoring is more advanced than other parts of the world, there is growing evidence of parallel declines in both wild pollinators and in the plants relying on them. In recent decades, commercial farmers have relied on domesticated honey bees as pollinators but for some crops, they just are not as effective as their wild brethren. Agronomists now recognize that the most effective, resilient approach to managing pollination requires integrating a diversity of wild species with managed pollinators such as honey bees. FAO's Global Pollination Project focuses on identifying the steps needed to bring wild pollinators back to the fields – steps that vary from crop to crop and farming system to farming system. The project works with farming communities, national partners and policy-makers in seven pilot countries, raising awareness of the need to develop agricultural policy that supports pollinators, meeting with farming communities to help them develop pollination management plans, and introducing pollination into agricultural curricula. Through farmer field schools launched by the project, farmers can share their traditional pollination solutions, blend them with the science-based practices, and observe the results throughout the growing season. FAO is documenting the successful pollinator-friendly practices, and compiling a set of tools and best management practices that can be applied to pollinator conservation efforts worldwide. The solutions are rather obvious – modify intensive systems, reduce pesticides and introduce diversity through cover crops, crop rotations and hedgerows. The goal is to find ways to support pollinators without reducing yields. Apple growers in India traditionally hung flower bouquets in their apple trees to simplify the cross pollination essential for apples to produce fruit. But FAO and its national partners discovered that by careful placement, the bouquets also enticed small black flies – not just bees – to pollinate their trees if the trees flowered when it was too cold for bees. Until then, the farmers had considered the flies to be pests and sprayed to control them. Farmers in Ghana now plant cassava rows around their chili pepper fields to increase pollination. Bees do not like chili peppers, but FAO found that bees will come to the fields for the nectar-rich cassava flowers and while there, will also pollinate the chilies. Brazil's regulation that farmers must keep a portion of their farmland in its natural forested state in order to slow tropical deforestation takes land out of production. But FAO and its national partners have shown farmers that the forest provides habitat to pollinators that, in turn, increase the production of crops, such as canola. The increase in productivity has been so impressive that private sector processors of canola seeds are now working with the FAO project personnel to train their technicians and canola farmers in pollination. The FAO Global Pollination Project is sharing its findings across countries and regions, allowing more and more farmers and countries access to the knowledge about importance of pollination – knowledge that will eventually inform the policy to ensure that pollinators are protected and can continue to do their job – supporting the world's agricultural crops.

附录八
国际组织中英文对照表和专有名词中英文对照表

附表8.1 国际组织中英文对照表

中文名（按拼音排序）	英文名	英文简称
不扩散核武器条约	Treaty on the Non-Proliferation of Nuclear Weapons	NPT
关税与贸易总协定	General Agreement on Tariffs and Trade	GATT
国际奥林匹克委员会	International Olympic Committee	IOC
国际电信联盟	International Telecommunication Union	ITU
国际复兴开发银行	International Bank for Reconstruction and Development	IBD
国际货币基金组织	International Monetary Fund	IMF
国际劳工组织	International Labour Organization	ILO
国际联盟	League of Nations	LN
国际民用航空组织	International Civil Aviation Organization	ICAO
国际原子能机构	International Atomic Energy Agency	IAEA
国际竹藤组织	International Network for Bamboo and Rattan	INBAR
核供应国集团	Nuclear Suppliers Group	NSG
红十字国际委员会	International Committee of the Red Cross	ICRC
莱茵河航运中央委员会	Central Commission for the Navigation of the Rhine	CCNR
乐施会	Oxfam	
乐施会国际联会	Oxfam International	
联合国	United Nations	UN
联合国儿童基金会	United Nations International Children's Emergency Fund	UNICEF
联合国教科文组织	United Nations Educational, Scientific and Cultural Organization	UNESCO
联合国开发计划署	The United Nations Development Programme	UNDP
联合国难民事务高级专员办事处	United Nations High Commissioner for Refugees	UNHCR
桑戈委员会	Zangger Committee	ZAC
世界粮食计划署	World Food Programme	WFP
世界贸易组织	World Trade Organization	WTO
世界卫生组织	World Health Organization	WHO

续表

中文名 （按拼音排序）	英文名	英文简称
世界银行	World Bank	WB
世界自然基金会	World Wide Fund for Nature or World Wildlife Fund	WWF
万国邮政联盟	Universal Postal Union	UPU
亚太经合组织	Asia-Pacific Economic Cooperation	APEC
亚洲基础设施投资银行	Asian Infrastructure Investment Bank	AIIB
英国牛津饥荒救治委员会	Oxford Committee for Famine Relief	

附表8.2 专有名词中英文对照表

中文名	英文名	英文简称
《可持续发展目标》	Sustainable Development Goals	SDGs
《联合国千年发展宣言》	Millennium Development Goals	MDGs
D级官员	Director Category	
G级一般人员	General Category	
P级业务人员	Professional Category	
本国专业干事	National Professional Officers	NPO
不叙级官员	Ungrated Category	
部长级会议	Ministerial Conference	
参与指南	Participant Guide	
长期自主学习	Commitment to Continuous Learning	
初级人道主义专家项目	Entry-level Humanitarian Professional	EHP
初级业务官员	Junior Professional Officer	JPO
创造力	Creativity	
服务精神	Client Orientation	
服务贸易理事会	Council for Trade in Services	
高级任命官员	Senior appointments	
工作地点特价差异调整数	Post Adjustment	
工作网络系统	Job Networks	
顾问和专家	Consultants and Experts	
管理能力	Managing Performance	
国际青年志愿实习项目	WWF International Youth Volunteer Internship Programme	
宏观前瞻性	Vision	
互动交流	interaction	
伙伴关系	partnership	
货物贸易理事会	Council for Trade in Goods	

续表

中文名（按拼音排序）	英文名	英文简称
基于能力的面试	Competency Based Interview	
激励团队	Empowering Others	
计划与组织能力	Planning & Organizing	
简历	Curriculum vitae	CV
建立互信	Building Trust	
交流能力	Communication	
接纳新技术	Technological Awareness	
决断力	Judgement/Decision-making	
理事会	Board of Governors	
联合国国家竞争考试	National Competitive Recruitment Examinations	NCRE
领导力	Leadership	
贸易政策审议机构	Trade Policy Review Body	
秘书处	Secretariat	
遣返援助保险	repatriation assistance coverage	
青年专业人员	Young Professionals	
青年专业人员方案	Young Professional Programme	YPP
求职信	Cover letter	
全球能力模版	Global Competency Model	
人才库	Talent pool	
实际体验	Hands-on Experience	
实习生	Interns	
世界贸易组织实习计划	Accessions Internship Programme	AIP
世界自然基金会青年旗舰项目	Youth Flagship Project	
事实表	fact sheet	
团队合作	Teamwork	
团队精神	team spirit	
外勤服务人员	Field Service	
相互尊重与理解	mutual respect and understanding	
项目纲要和时间表	Outline of Programme & Timeline	
协同配合	synergy	
业务类官员和高级别官员	Professional and higher categories	P and D
业务类人员	Professional Staff	
一般性事务人员	General Staff	
一般业务及相关职位官员	General Service and related categories	

续表

中文名 （按拼音排序）	英文名	英文简称
与贸易有关的知识产权理事会	Council for Trade-Related Aspects of Intellectual Property Rights	
责任	Accountability	
争端解决机构	Dispute Settlement Body	
职类	Staff Categories	
主任二级	D2	
主任一级	D1	
总干事	Director General	
总理事会	General Council	